ちくま学芸文庫

ヨーロッパとイスラーム世界

R.W.サザン
鈴木利章 訳

筑摩書房

WESTERN VIEWS OF ISLAM IN THE MIDDLE AGES

by R. W. Southern

Harvard University Press 1962

リチャード・ハントへ

序

今年の四月ハーバード大学で三回の講義をするように招かれましたお陰で、中世西ヨーロッパ人の目にイスラームがどのようにうつっていたかという、イスラームの問題につき、二、三思っていることをまとめあげることができました。当然のこととして、わたくしはこの好機にとびついたのであります。つきましては、このようなお招きやそのほか幾多の御親切に対し、わたくしは、当大学の歴史学部にだけではなく、とくに、ロバート・L・ウルフ教授に衷心より感謝の意を表したいと思います。またオックスフォードのイスラーム研究家たち、そのうちとくにR・R・ワルツァ博士やS・M・スターン博士から、わたくしは多大の援助を受けました。さらに、N・ダニエル博士の学識豊かな『イスラームと西欧――ひとつの像の形成』がなければ到底このような大きなしかも錯綜した問題に、わたくしは敢えて取り組もうとはしなかったことでしょう。この書物には、この内容にかかわる多くのことが、海図のように明快に提示されております。イスラームにかかわるさまざまな問題につき、これらの学者と学識を競うなどという気持ちは、毛頭ありません。ただわたくしは、中世を通じて刻々と変わる西欧側のそれぞれの局面に、イスラームがどのように映じたかを考えてみようと試みただけであります。そしてイスラームが西欧にふき込んだ希望と恐怖を再現させようとしただけであります。この経験は、今日のわたくしたちにも無関係ではないでしょうから。

R・W・S

オックスフォード　一九六一・五・五

目次

ヨーロッパとイスラーム世界

第1講　無知の時代

I

わたくしが、選びましたこの問題は、わたくしたちの注目を集めるに相応しいものであると思いますが、それには二、三の理由があります。まず第一の理由は、わたくしたちの中世史の研究が、西ヨーロッパ外の種々の世界、とくに西欧の発展になにがしかの影響力を行使した世界、に目を向けることが非常に大切であるという認識を持つ段階に達したことであります。もちろん、これは、なにもこと新しい発想ではありません。しかし、この発想が出るまでには、それ自体に内在する大きな問題を克服しなければならないだけではなく、この学問にがっちりはめられた箍《たが》が持つ保守性とも戦わねばなりませんでした。イスラームに関する限り、中世キリスト教世界との関係が、まじめな研究課題になりましたのは、ごく最近になってからのことであります。なるほど、百年以上も前、フランスの学者エルネスト・ルナン〔一八二三―九二、仏歴史家、言語学者。『イエス伝』〕は、同時代の新しい歴史学の発展〔ランケ等の学問的・専門的批判的歴史学をさす〕が生みの親となった、最高に鋭い知覚力をもとに、独創的な仕事をなしとげましたが、そこですでに進むべき道が示されていました。――この仕事とは、『アヴェロエスとアヴェロエス主義』に関する書物であります。[1] しかしルナンが切り開いた道は、その後あとをつぐ人がおりませんでした。十九世紀後半から、二十世紀初頭にかけての大歴史家たちは、ひたすらに、ヨーロッパ諸国の、社会上、法制上そして政治上の発展の研究に専念するばかりでありまして、西欧思想の発展にイスラームが果した役割とか、イスラーム世界に隣り合わせたことが西欧社会へもたらした効果を理解しようなどという、真面目な努力がなされるようになりましたのは、ようやく両大戦にはさまれた時代になってからのことであります。[2] その時以来、とくに一九四五年以来、この仕事は、力強く推進されました。したがいまして、今それがどうなっているのか、全分野にわたり、通観してみることも、また有益かと思われます。間もなく明らかになると思いますが、まだまだ不分明な部分も多くありますし、まだほとんど手つかずの問題も残っております。この不分明な部分は、ある程度は恐らくは、わたくし自身の無知によるのでありまして、研究がまだそこまで発展していないという研究上の不備のためではないでしょう。

現時点で、この問題にわたくしたちの目を向けさせる第二の理由は、つぎに述べますが、あまり、学問的な理由ではありません。現代世界が現実にかかえている最大の問題は、まったく妥協の余地の無い、多くの面で敵対している、思想、道徳と信仰の大系があい隣り合っているという問題であります。しかもこの両体系が、圧倒的とはいわないまでも相当な規模の政治上の大国〔米、ソをさす〕の中に体現化されていることであります。現下わたくしたちがかかえているこの問題は、西欧にとってはじめての新しい経験であるかのごとく、しばしばいわれますが、正確には、近代社会にとっての、新しい経験であったにすぎません。つまり人のなしうるあらゆる事柄での西欧の優越感は、三百年間ほとんど挑戦されることはありませんでした。したがいまして、この優越感は、わたくしたちの遺産の一部となってしまい、放棄するにしても、また調整するにしても、大変な苦労が伴うほどになってしまったのです。しかし、じつは、西欧は、千年以上も前から、すでにこの苦しい経験をたっぷりと味わっていたのでありまして、中世を通じて、西欧世界はそのひとりよがりに対して、いつも絶え間なく挑戦されてきたのであり、その苦痛と共にあったのでありますす。イスラーム世界の存在は、中世キリスト教世界にとって、まことに厄介な問題であったのです。これは経験のどのような次元においても係わり合う問題でありました。実際問題としてイスラーム世界の存在は、西欧世界に行動を要請致しましたし、十字軍をおこすか、改宗を迫るか、共存でいくか、相互に商取引をやるか、それぞれ可能性のある、甲乙つけがたい選択を迫ったのであります。また神学の問題として、イスラーム世界の存在は、たえず、それがなぜ存在しているのかという秘密、つまり神の摂理よりみれば、歴史上イスラム教はどのような役割を演じているのか、という秘密に対し、それを解くことを迫ったのであります。イスラーム世界の存在は、世界の終末の前兆であるのか、またキリスト教の発展におけるひとつの段階であるのか、それとも異端なのか、教会分裂なのか、そうではなく新宗教なのか、それとも人の業《わざ》か悪魔の所行か、それともキリスト教の悪しき物まねか、または尊敬をもって取り扱うに値する思想の体系か、これらの問題に解答を迫られたのであります。これら解答のうち、どれひとつを選ぶとしてもそれは、むずかしいことでした。しかし、決着をつける前に、事実を知ることが必要であったのです。しかも、これら事実を知ることも容易ではなかったのです。言語の知識や文学の知識の獲得自体もむずかしいのですが、それらの知識なくしては、解決されえないどころか、アプローチさえもできない、歴史に規制されたひとつの問題が、このようにして発生してきたのであります。さらに言語や文学の知識の獲得をますますむずかしくしたのは、イスラム教のわからなさやそれへの偏見、さらには汚染されることを恐れて、イスラム教を知りたくないという強い気持ちがあることでした。

ひとことでいいますと、中世の学者や実務に携わっている人びとは、時代的な背景はちがっておりますが、何から何まで現在のわたくしたちにもなじみの問題に立ち向かっていたのです。またかれらは、わたくしたちが提起しているのと同じ問題を、数多く提起したのであります。そして、かれらがやらかした失敗から、わたくしたちは何かを学ぶことができましょう。ただひとつどうしてもわたくしたちが中世で見つけることが期待できないことは、過去百年にわたっての、多くのイスラーム研究の特徴でありました、公平で、学問的でそして洗練された、あの研究態度であります。たとえば、ダウティ〔一八四三―一九二六、英旅行家、作家〕の英雄的な旅行やカーライル〔一七九五―一八八一、英評論家、歴史家〕の人をうつ散文において見出されるあの研究態度は、中世においては見出せないのであります。この公平な態度も、なんのことはない、優越感の裏返しであり、恐れるべきものが何も無かったという確信の申し子でありました。したがいまして、このゆとりから相手に対してすぐに同情を抱いたり、心遣いが深くなってくるのであります。しかし中世の観察者にとりましては、さし迫った死活問題が余りにも多く、このような寛大なゆとりなど許されるべくもありませんでした。わたくしは、ジョンソン博士伝の一節を思い出します。ここでマレイ某なる男が、古典古代の哲学者の論争にみられる素直さや、それに流れるよきユーモアを理由にして、かれらを賞めそやしたとき、ジョンソン博士〔一七〇九―八四、英作家、評論家〕は、つぎのようにしっぺ返しをしたのを思い出すのであります。

かれらが、よきユーモアをもって議論しておりましたのは、かれらは宗教にはそれほどこだわっていなかったからですよ。……人間、失うものがないときは、敵とでも十分にユーモアをもって対応できるものですよ。……君が価値ありと判断する見解を論破する人がおれば、かれに怒りを感じるということは、結局は、君が感じている不安がしからしむる必然の結果なのですよ。僕の信仰に攻撃を加える人はすべて、ある程度は僕が持っている信仰への信念を傷つけることになるので、僕を不安に落とし入れます。だからですよ、僕は、自分を不安に落とし入れる人に対しては怒りを感じるのですよ。(3)

ジョンソン博士は、人間の持つ素朴な感情に、いつも共感を持って応じていました。かれは、じつに正確に、中世の論争の雰囲気をつたえております。イスラム教の存在は、西欧を根底から不安に落とし入れました。実際面におきましても、それは、西欧に絶え間ない不安を生み出しておりました。それというのも、イスラム教の存在が西欧に危険であったというだけではありませんで、その危険は、前もって予測ができない、またその規模も計り知れなかったからでもありました。つまり西欧は、イスラム教の意図といいますか動機に自由に近づくてだてを持っていなかったのです。しかし、この予測ができないという要素こそ、対象そのものの本性を、一歩踏みこんでは理解していないことの証左でありました。

いざイスラム教を理解しようという段になりましても、西欧は、古代からなんの助けも得られなかったのですし、また同時代から救いを得ることもできなかったのです。理解するための材料を、公然と過去に仰いでいる時代でありましたので、このことは重大問題でありました。知的な観点からいえば、イスラム教の位置にもっとも近い例は、ユダヤ教徒のそれでした。イスラム教とユダヤ教との教義には、共通している部分が多くありましたし、キリスト教に反対する場合にも、多くの点でこの両宗教は一致していたのであります。他方キリスト教の思想家にとりまして、ユダヤ教徒に反論するとなりますればしめたものです。その材料は、途方もなく豊かですし、しかも手近にあり、自由に使うことができたのです。それに加えてユダヤ人の社会・経済上の地位は劣悪でありましたので、イスラム教徒を取り扱うのにも差別的であってよいという考え方が促されました。社会的に成功していない人びとが立てる議論を、高圧的にはらいのけるほど容易なことはありません。わたくしたちは、中世におけるあの気をめいらせるユダヤ人との論争史の中に、これがみごとに立証されているのを見出し得るのであります。社会的に優位に立っていることと、すでに長い伝統となった有無を言わさぬ高圧的な反論とが結合して、十一世紀以来ヨーロッパで簇出《そうしゅつ》した多くの異端に直面したときの中世の正統派教会の、自信に満ちた信念が生み出されたのでありました。ギリシア正教との分裂さえも、この鋳型にながしこまれたのであります。この場合、両者の間の対話不足と相互に教父の権威を主張して譲らない態度が合体して、お互いにこの関係を保つのに役立っていたわけです。

しかし、イスラム教は、執拗に、この取り扱いに抵抗してきました。そしてその抵抗は目ざましい成功をおさめました。はじめ一時的に挫折したあと、かならず驚異の成長が続き、それが西欧に脅威をもたらしたのであります。イスラム教は、征服にも改宗にも抵抗し、しおれ消え去っていくことを峻拒いたしました。おまけにイスラム教の知的な位置そのものも、どう扱ったらよいのかと惑わせるほど新しいものであり、これがその世俗世界での成功という絵図に混乱を与えるものだったのです。一柱の神、宇宙の万能の創造者を認めるが、三位一体も、受肉《インカネーション》も、キリストの神性も認めないという立場は、古典古代の哲学者のお陰でなじみになった、わかりやすい哲学上の立場であります。同じく霊の不滅性、信賞必罰の来世の存在、天国入りの切符をうるために必要な条件としての慈善といった善行の必要性への信仰なども、この同じ文脈の中で理解できるのであります。しかしキリストの神性やかれが十字架にかけられたという事実を否定する一方で、キリストが処女より生まれたことや神の預言者として特別の特権を持っていることは肯定する、という教義は、西欧人にとってどう考えるべきでありましょう。また旧約聖書も新約聖書も、神の言葉として取り扱うのですが、両聖書の教義をごたまぜにして練りあげた一巻の書物〔コーランをさす〕に唯一の権威を与えたり、哲学的にも敬意を表しうる、来世における信賞必罰の教義を持ちながら、他方哲学を侮辱するような性的享楽こそ、天国の主要なよろこびということを暗示するなど、この矛盾は一体どう考えるべきなのでありましょう。聖職者もおらず秘跡もない宗教は、西欧人にも理解可能であるかも知れません。しかしこれら自然宗教に固有な諸特徴が、一冊の聖なる書物に入りこんでいるのであります。神により任命された一預言者と結びついておりましたこの聖なる書物も、大ざっぱにいいまして、それを知っているごく少数の西欧人には、馬鹿げたことが満載されているとうつっていましたし、またこの預言者も、西欧では、不純な生活を送り、俗世の戦略にたけた人物と広く考えられておりました。

ごく徐々にではありますが、このようなイスラーム像が西欧人の心の中に形づくられていったのであります。しかし時が経つにつれ、これまで全体像をなしていたこれら諸特徴も、イスラーム像の一部を構成するにすぎなくなりました。イスラーム像は判じ物のように難解なものであることを知っておりましたので、かれらがそれをそのまま鵜のみにしたといたしましてもしようがないことといえましょう。イスラーム問題は、西欧人の経験の中におきましては、他に類をみない代物でありました。これらイスラム教の全体系を、悪意に満ちた想像力が生み出した狂信の所産であるとして抹殺してしまうことが、説得力を持っていたように見えた時もありました。もちろん、もしイスラム教が衰退していく徴候がつねにみられる場合には、この説明は広い支持を受けることになるでありましょう。しかし、この望みは、つねに裏切られてきたのであります。それだけではありません。イスラム教の思想体系は、西欧がますます、そして時には度を過ごしているのではないかと思われるほど、学び、賞め讃える対象ともなった人びとの――たとえばアルファーラービー〔八七〇頃―九五〇、ギリシア哲学を研究、「第二の学師」と称される〕、アヴィケンナ〔九八〇―一〇三七、代表的哲学者、「第三の学師」と称される〕やアヴェロエス〔一一二六―九八、スペイン生まれ、アリストテレス注釈は著名〕のような学者、哲学者それに科学者や、サラディン〔一一三八―九三、アイユーブ朝創設〕のごとき英雄的な騎士の――賛同を得ていたのであります。このような人びとが単細胞で、錯乱していたとは、到底信じ難いことでありました。

以上のごとき込みいった考慮が、中世におけるヨーロッパ人がイスラム教に対応する場合に、働いておりました。しかし、あたかもこれらだけでは不十分であるかのごとく、この他にまだ込みいった事柄が入り込んできました。これは、ほとんど意識はされておりませんが、西欧とイスラーム世界との知的な接触に多大の困難を附加したのであります。西欧キリスト教世界とイスラム教世界とは、二つのまったく異質な宗教体系を代表するだけではなく、その社会も、ほとんどあらゆる見地よりみて、驚くほど類似点のない社会でありました。ほぼ全中世を通じて、またほぼ全領域にわたって、西欧は、主として農業社会であり、封建社会であり、修道院の栄えた社会でした。これに対しまして、イスラーム世界の強みは、大都市、富裕な宮廷、それにそれらを結ぶ長い連絡網にあったのです。したがいまして、基本的には、独身を尊び、聖職をあがめ、階層制を理想とした西欧に対し、イスラーム世界は、じつに寛大で、官能的で、原理上平等であり、思弁の自由を享受する俗人の持つ考え方を持ち、両者は対照的でありました。またイスラム教は、西欧社会のようには、聖職者や修道院が社会の基本的な構成体としてはめこまれておりませんでした。このような正反対の原理や原則に基づいた二つの社会の発展は、当然のこととして、まるっきり異なったコースをたどりました。つまり西欧は、長期にわたる相対的な停滞期をようやくくぐりぬけ、中世後期には、その後数世紀も続く社会・経済的な発展のはずみを獲得したのに対し、イスラーム世界は、ほとんど一気に権力を握り、富を得、成熟しましたが、それ以降は沈滞におちこみ、最初に達成した豊かな創造性を再び取り戻すことはありませんでした。その初期の成熟期の生命力を示す徴候をすべてなくした時でも、軍事的な成功という伝統だけは持ち続けておりました。この初期の活力が持続されております限り、西欧中世には、それに匹敵するものは見当たりませんでした。創建されてから四百年も経ずして、イスラーム世界は、種々の知的発展の段階を経験いたしました。同じ発展をなすためには、西欧では、さらに長い年月が必要であったのです。多くが失われてしまったものですから、正確に申しあげかねるのですが、九・十・十一世紀のイスラーム諸国が、十四世紀に至るまでの中世キリスト教世界よりも、はるかに多量の、はるかに多種の、学問上の業績や科学上の成果を残したことは、疑う余地のない事実であります。(4)

ラテン世界とイスラーム世界との大きな差とは、前者の発展ののろさと、後者の早熟性との差であります。この主要な理由は、以上述べたように、かれらの生活の在り方の差に見出されたのであります。しかし、この社会の基礎構造の差異のほかに、かれらが継いだ知的遺産がほぼ完全に異なっていたことにも見出せるのであります。古典古代の世界が分裂し、ばらばらになったとき、イスラーム世界は、ギリシアの科学と哲学の主要な遺産相続人となりましたが、未開野蛮な西欧は、ローマの文献を託されただけでありました。このようなコントラストは、リチャード・ワルツァ博士の、すばらしい論文で論証されました。この論文で、かれは、ギリシア思想が、いかにとぎれなく、ヘレニズム世界の学校からイスラームの宮廷や学校にひきつがれて、イスラム教はそれほど厳しいことはいいませんので、これがイスラム教の必須条件に、うまくあわされていったかということもあわせ論証したのであります。(5) この現象は、思想史上のもっとも驚くべき事件と申せましょう。これはちょうど、政治勢力としてのイスラム教の興隆が、制度史上のもっとも驚くべき事件であったのと同じであります。イスラーム世界が、豊かさを誇っているあいだ、西欧の方は、教父や、古典時代および古典期以後の詩人や、ラテンの学校教師が残されただけでありますす。――つまりおそろしく柔軟性の欠けた、少なくとも中世初期においては、むやみに興味をそそるでもなかった作品群が残されたのです。イスラム教の学者に利用された書物の文献目録と西欧でのそれとの比較は、西欧人の心に苦痛に満ちた印象を残します。つまり、この差の大きさは、十二世紀のラテンの学者には爆弾をぶっつけられたようなものでした。このとき、かれらがはじめてその差異に目を開かされたからであります。

本章で、わたくしが主として扱うこの初期の時代の、この二つの文化の体現者として、二人の人物が目にとまります。かれら二人の生涯は、ほぼぴったりと重なりあいました。西方はジェルベール〔仏学者、オットー三世の家庭教師、教皇シルウェステル二世〕、九四〇年頃生まれ、一〇〇三年教皇として亡くなる。東方はアヴィケンナ、九八〇年生まれ、一〇三七年に亡くなります。これら両人ともに、実務家であり、それぞれの社会で高い地位にまで昇りました。また両人とも熱烈なる知的好奇心の持ち主であり、かれらの偉大な才能は別としても、行いが正しいことやその理想を実践することにかけて、他の同時代人よりとりたてて優れているという訳ではありませんでした。しかし、両者の類似点はこれで終りです。ジェルベールが知っていた宮廷は、ユーグ・カペー〔九三八頃―九九六、仏王、カペー朝の創始者〕とオットー三世〔九八〇―一〇〇二、独王、神聖ローマ皇帝〕のそれであり、これら支配者は、自然経済に基づくその日暮しをしており、現実における無能力さとはまるっきり対照的に、壮大な理念に生きておりました。かれが知っていた学校は、修道院や大聖堂のそれであり、明らかに規模も小さく、そなえつけの書物とても貧弱なものでした。かれが知っていることに誇りを持った書物にしても、わずかの量のギリシア科学のものであり、それも古代ローマ末期の学者が、その後継者に残し得たものだけにしかすぎませんでした。たとえば、ポルフュリオス〔二三二頃―三〇四頃、新プラトン派哲学者〕著『アリストテレス論理学入門』や、アリストテレス論理学のより初歩的な部分の、ボエティウス〔四八〇―五二四、ローマの哲学者、『哲学の慰め』〕による翻訳と要約や、かれによる算術、音楽、幾何学、天文学の手引書や、ギリシア医学の断片的な知識などであります。これらわずかな資料から、ジェルベールは、かれ自身の幼稚な作品をものにしたのでありました。修辞学の種々の枝葉を示した図、算術の教科書、弁証法のちょっとした見本などがかれの業績でありました。それらの基礎のうえに、かれは惑星の運行体系のモデルを作りあげ、ソロバンや複雑な時計をも作りあげました(6)。この成果たるや微々たるものでありましたが、わずかこれだけの収穫を得るにも、大変な努力が必要でありました。それはまたこの多大の努力を通して、ほぼ無から獲得されたものでしたし、それ以前の同じ種類の努力の上に印した目ざましい前進であったわけです。

ジェルベールが、オリヤクではなく、ブハラ生まれであり、ランスではなく、バグダードないしはイスファーハンで教育を受けておりましたならば、西欧の環境よりも、はるかに知的に、かれに好都合な社会にいることを見つけ出すでしょうし、読みたい書物を全部手に入れることができたでしょう。アヴィケンナは、ジェルベールよりもほぼ四十年おくれて、ブハラに生まれました。一〇三七年まで生き、イスファーハンで亡くなりました。(7)聖職者であり、修道士であり、高位聖職者となり、教皇にまで昇りつめ、自分が抱いていた雄大な計画を実現する力もない俗人たちの間に交った、謀略にたけた人ジェルベールとは対照的に、アヴィケンナは、俗人であり、役人であり、医師であり、しかも宮廷付哲学者でもありました。十六歳までには(かれがいうところによれば)ポルフュリオスの『アリストテレス論理学入門』や論理学そのものの全部分、ユークリッド(エウクレイデス)〔前三〇〇年頃、ヘレニズム時代の数学者〕の幾何学、プトレマイオス〔二世紀、地球中心の宇宙体系の権威〕の『アルマゲスト』、ギリシア医学の全文献、インドの算術を少々、それに必須の、複雑なイスラーム法学を研究していたのであります。たとえ、この若き天才の回想の中に、多少の誇張があり、それを割り引いたとしましても、かれが使いえた資料についての、この一般的な叙述は、決して誇張されたものではないのです。つまり、この少年は、この当時の西欧では夢にも手にできない財宝を手にしていたのです。かれは青年時代までに、論理学、自然科学、数学や古典古代のギリシア形而上学をむさぼり読み、アリストテレスの『形而上学』の長い苦しい研究を通して、それを仕上げていったのであります。これらは、かれひとりの孤高な研究ではなく、すでに二百年にもなるイスラーム科学の確固たる伝統の一部を構成しておりました。アヴィケンナは、ブハラのスルタンが持つ蔵書《ライブラリー》についての記述をわたくしたちに残してくれております。蔵書は、多くの部屋に保管されており、各部屋には書物を入れた箱が積み重ねられており、各部屋ごとに問題別に置かれておりました。——たとえば、言語と詩、法学、論理学、医学等々——。しかも、蔵書目録が備えつけられており、それを使ってそれぞれの学問についての古代の著作家が一目でわかるようになっておりました。中世末期まで西欧では、これに類したものはまったく存在しておりませんでした。——確かに、いかなる俗人も、これに近いものも持っておりませんでした。

もうこれ以上対比させてみても無駄でしょう。アヴィケンナ自身の著作は、その豊かさ重要さにおいて、発掘に値する鉱山にも似た仕事でありました。これらは、忙しい、しかも落ち着かない生活の中で書かれたものであります。といいますのは、かれは、現在のペルシアや、現在ソ連領にあるトルクメニスタンやウズベクなどの宮廷をわたり歩いていたのであります。後になりますと、かれの著作に、西欧でも出合うようになります。ジェルベールの作品がまったく忘れ去られてしまった後、アヴィケンナの仕事は、イスラム教世界とキリスト教世界との知的障害物を取り除く中心的な役割の一端を担うようになりました。

この話の出発点にあたりまして、このようなコントラストが両世界にありました。さて、つぎにこの終着点の方に目を向けましょう。

わたくしはこの素描を、中世の末期で打ちきっておきます。と申しますのは、これ以後になりますとこの問題は、その興味の大半を失いますし、単純にもなってしまうからです。これを奇異に思われる方もありましょう。ただ地図の上から見ますれば、一六〇〇年時のイスラーム世界は、過去八百年を通じまして、はるかに西欧世界を圧迫し、脅威を与えたのであります。イスラーム世界は、ビザンツ帝国を過去の遺物にしてしまいましたし、ドイツと国境を接しましたし、また地中海の南岸は、イスラーム世界のものとなりました。しかしわたくしたちが関心を持っていた主要な諸問題は、解決されていませんし、そのまま少なくとも棚上げにされてしまっていました。西欧が抱く世界像が飛躍的に拡大した十七、十八世紀におけるイスラーム世界の存在は、中世では挑発的であったように見えたほどには、もはや西欧への挑戦とはなりえませんでした。外の世界とのコントラストをぼやけさせてしまうキリスト教世界自体の分裂、キリスト教でない宗教がイスラム教体系の他にも存在しているとの確認、ヨーロッパの漸進的な富の蓄積、大トルコ帝国のゆっくりとした衰退、より世俗的な世界観の擡頭、それに新世界の発見など、すべてこれらの要因が、つまり、徐々にではありますが、イスラーム世界を、それほど恐ろしいとは感じさせなくなったのであります。そしてついには、ギボン〔エドワード・ギボン、一七三七―九四、英歴史家、『ローマ帝国衰亡史』〕がヨーロッパの優位という心地よい光景によりかかりながら、つぎのような宣言をするに至るまでになりました。つまり「独立した野蛮国の版図は今や狭小な範囲に縮小され、勢力微々として振わないカルムイク族またはウズベク族の残存者は、ヨーロッパの偉大な共和国にとっては少しも真摯な憂慮を抱かせ得ない(8)」と。ギボンにとりまして、イスラームの脅威とは、西欧の安全がいつまでも続くのではないかと、ついい思いたくなってしまわないようにと、西欧に警告を与えるのに役立つ、たったひとつの過去の記憶にすぎなかったのです。「このみせかけの安全に信頼して、新たに敵および未知の危険が、ほとんど世界地図に見られないようなある目立たない民族の中から、ことにいよると生起するかも知れないということを我々は忘れてはならぬ。インドからスペインまで征服地を拡げたところのアラビア族、すなわちサラセン人は、マホメットがかれらの野蛮な身体に熱狂の霊を吹きこむまでは窮乏と軽蔑のうちに埋もれていたのである」と。この警告にもかかわらず、マホメットやかれの粗野な熱狂的崇拝者たちも、ティムールや古代の偉大な征服者が息づく伝説の世界の住人にされてしまったとわたくしたちは感じます。これでわたくしたち西欧人は、安心しきってき、また知的にも物質的にもヨーロッパは安全と感じておりました。

中世は、イスラーム問題の黄金時代でありました。六五〇年から一五七〇年にいたる幾世紀にもわたり、イスラーム問題は盛衰を経験しました。しかし、この盛衰は、単純な運動でもなければ、一回きりの運動でもありません。イスラーム世界は、知的にはっきり識別しうるものとして、ごく徐々に西欧人の心の中に浸透していったのです。目を凝らしてしっかり観察すれば、このことほど目立ったことはありません。一一〇〇年の頃以降になりますと、イスラム教に対する態度が急速に変わっていきますが、その速さたるや当惑するほどです。この過程で、イスラーム問題はつねに新たな局面を持ちました。一部は、東と西との現実の力関係の変化に対応しておりますが、より基本的には、西欧自身における興味の変化や思想の在り方の変質の結果でありました。

このお話を続けていく便宜上、わたくしは、この発展を三段階に分け、それぞれの章にタイトルをつけ、それぞれの章の特徴を短い言葉でうまく出すように努めました。先ずはじめに、無知の時代と名付けた時代を扱います。無知とはどのようにも、また余りにも気儘に扱われうるように思われますし、この章の残った所で同じ気儘が許されるように思われますが、あにはからんや、無知自身、大変複雑なものを内包したひとつの現象であります。たとえば、神学者は、二十四種類もの無知を分類しておりますし、またわたくしたちは、神学者のこの詳細な、創意溢れる区分から何かを学ぶことができるのであります。しかし、とりあえず、今のわたくしたちの目的のためには、はるかに荒っぽい分類でよく、二種類で十分満足がゆきます。つまり、わたくしは、それらを、閉ざされた空間に閉じ込められた結果生まれる無知と、勝利が生んだ空想に基づく無知と名づけておきます。最初の無知は、七〇〇年以降四世紀にもわたる西欧人のイスラム教に対する態度の基調をなしておりました。後者は、一一〇〇年から一一四〇年までの四十年間の産物であり、これに特徴的な態度であります。これらの態度の内、前者は聖書解釈と密接に結びついておりましたし、後者は、十二世紀初めの空想に基づく創造と結びついておりました。本章の残りの部分で、これら態度の重要な特徴を検討し、これらの後世への影響を明らかにしたいのであります。

II

先ずはじめに、閉ざされた空間に閉じ込められた結果生まれる無知に目を向けます。これは、いうなれば、牢獄に入っている人の無知とでもいいうるもので、外の世界の出来事は噂で聞くのみだし、かれの先入観を基にし、かれが聞いた噂にひとつの形を与えようと努める体の無知であります。一一〇〇年以前の西欧の著作家は、イスラム教に関して、このような位置にありました。かれらは、まったく、宗教としてのイスラム教については、無知でありました。かれら著作家にとりまして、イスラム教世界は、あらゆる方向からキリスト教世界をおびやかす無数の敵のうちのひとつにすぎませんでした。またかれらは、ノルマン人やスラヴ人やマジャール人のような原始的な偶像崇拝者たちとイスラム教の一神教とを区別することにも、マニ教異端とマホメットのそれとを区別することにも、何の興味も持っておりませんでした。ヨーロッパの北の方の人びとで、マホメットの名前を耳にした人がいたという証拠は何もありません。しかし、このような無知にもかかわらず、世界史という普遍的体系の中でサラセン人の位置を考えていこうとする手掛りが、ラテンの著作家たちにまったく無かったという訳ではありませんでした。聖書がこの手掛りを提供してくれました。

目の前で目下進行中の出来事を解釈するときに、明らかに聖書は、二通りのことを可能にします。つまり、聖書によれば、その出来事の起源ないしはその最終的な運命、いい換えれば、そのはじまりと終りとが説明されるのです。七〇〇年から一一〇〇年までの主流をなす学問上の伝統では、聖書の役割は、サラセン人のはるか遠き起源を旧約聖書の歴史の中に発見し、世界の民族と宗教とサラセン人との一般的な関係を明らかにする、という使われ方に限定されておりました。しかしながら、ごく少数の学者にとりましては、聖書は未来を指し示すものであり、あらゆるものの終末がさし迫っているという事態の中に、サラセン人を位置づけるものでありました。そうは申しましても、いくら聖書を研究しましても、サラセン人の興隆という現象を説明する手助けにはなりませんでした。しかし、いやしくもイスラーム世界が、はじめてどのようにして西欧人の心になじみの対象になって行ったのかを理解したいのであれば、このような聖書を使う研究方法についても、少しは考察しておくのが良策ではないでしょうか。正否は別といたしまして、この研究方法は、後々の思想と行動に大きな影響を与えたのであります。これはなにも、驚くことではありません。聖書は、中世初期の、知的に有効なただひとつの道具であったのですから。いかに聖書にのべられたことが難解であっても、過去や未来について、聖書が述べていることを無視するのは馬鹿げたことでしょうし、自分たちが生きている世界について聖書は何を語り得、また何を語り得ないのかと、時には厳しい経験を通して学ぶことこそ、西欧世界の教育の本質をなしておりました。しかし、じつをいうと、聖書解釈学者は、この問題に検討を加えるのにも、また未来に対する貢献についても、それほど重要なことはなしえなかったようです。

ベーダ

中世初期の偉大な聖書学者、ベーダから話をはじめなければなりません(9)。かれは、同時代の聖書学全般を自家薬籠中のものとしておりましたし、かれの著作は十二世紀まで聖書学の基礎でありました。そのうえ、サラセン人がはじめてヨーロッパ人の関心を捉えたのも、かれの存命中のことでありましたし、かれが亡くなる前までに、サラセン人の西方への発展膨張は、その極限に達しておりました。したがいまして、かれの時代のサラセン人が思うほどには、かれに強烈な衝撃を与えなかったことの方がむしろ不思議なくらいでありります。かれはサラセン人をごく普通の獰猛さを持った不信心ものとみなしておりましたし、かれの『イギリス教会史』(もちろんこの『教会史』ではサラセン人は、主題の一部にもならないのですが)では、かれらがなした暴威やポアチエ(七三二年フランク族がイスラーム軍を破った仏中西部の古戦場〕で蒙った敗北、これらはかれらにとって当然の報いなのですが、それらを語るのにはたった一文で十分でありました。聖書解釈学の方において、かれが、かなりのびのびと語っているのを見ますと、聖書解釈学では何か書きたい面白いことがあったのです。かれは、色々な処で、サラセン人は、アブラハムのエジプト人妻ハガルの子孫であると説明しております。そのハガルについては、わたくしたちは、創世記で読むことができます[10]。ご存知の通り、アブラハムは二人の妻、サラとハガルをめとり、それぞれに、イサクとイシュマエルをもうけました。キリスト教の象徴的解釈によりますと、イサクは、自由民である婦人の息子であり、キリストの原型であり、その子孫は教会を予示しているのに対し、イシュマエルとその子孫は、ユダヤ人を予示していたのであります。これが、創世記に書かれています出来事の寓意上《アレゴリカル》の意味であります。とは申しましても、イシュマエルの実際の子孫は、文字通りサラセン人であると考えられておりました。この同定を証明するような事柄が、かれら子孫の一生についてのよく知られた事実の中に、多く見出されるのであります。たとえば、イシュマエルは、荒野に追いやられたのでありますし、かれらサラセン人は、沙漠から来たのであります。イシュマエルは荒野の人であり、その手は、すべての人に弓ひいたのであります。この記述にもまして、イシュマエルとサラセン人とを同定するに適した記述がありましょうか。イシュマエルは、契約の外におりました。サラセン人もそうであります。また、イシュマエルの子孫と同定することにより、サラセン人の性格が理解できるのですが、それには、さらに他の方法もありました。ベーダがそれをした最初の人という訳ではありませんが、しかし聖書解釈学という中世の伝統の中にそれを導入したのはかれでありますし、またかれの時代以降、この解釈が西欧の学問での常識となりました。キリスト教世界とこれら予測もできない敵どもとの厳しい対立をやわらげるのに、ベーダの解釈は役立ちました。この解釈により、サラセン人は、キリスト教の歴史の中で、かれらに相応しい場所をえたのであります。

　しかしこのサラセン人の身元確認により、新たな問題が提起され、少なからず、ベーダやその後継者に混乱を与えました。とはいえこの問題も、所詮は修道院内の閉鎖された世界の学問がかかえる問題にすぎませんでした。たとえば、これら民族は、サラの子孫でなく、ハガルの子孫であるにもかかわらず、なぜサラセン人と呼ばれるのでしょうか。これは学究的な研究者が好んでよく研究したがる体の問題であり、わたくしたちは、かれらの深遠な議論を克明にたどる必要など勿論ありません[11]。かれらは、出来事の本質的な部分に関しては何もつけ加えなかったのであります。ベーダやカロリング朝におけるかれの後継者たちの著作の中で、わたくしたちがもっとも驚きますことは、かれらがサラセン人に関して行っております説明の中に悪意がまったく欠けていることであります。サラセン人は、目下ヨーロッパの半分を荒しているのでありますし、また脅威を与えているのであります。しかし後の時代に見られるような激しい敵意を呼びおこしてはいなかったのです。もちろん、これには色々理由がありました。ヨーロッパの北半分に住んでおります著作家には、サラセン人は非常に遠い存在でありましたし、またサラセン人がもたらす危険も切実なものではありませんでした。むしろ、サラセン人よりもはるかに近い所に敵がいたのです。かれら敵は、キリスト教世界の周辺部でうろうろしているという悠長なものではなく、修道院の外壁にひしひしと迫ってきておりました。善と悪との宇宙的な規模での戦いという図式の中には、サラセン人はまだ比較的つつましい役割を担っているにすぎませんでした。旧約聖書の文脈の中で、かれらの身元を明らかにし、その中に位置づけたカロリング朝の学者たちは、それでなすべきことは全部なし遂げたのであります。かれらは、文字の問題に血道をあげ、それに法外な興味を示しました。サラセン人の本質を論ずるより、rがひとつであるべきかふたつであるべきかなど、「サラ」(Sarah)の綴りを論じている方がはるかに幸せであったのです。(12) かれらは、サラセン人の性格を論じるよりも、その綴りを論じた方が、準備からなにから、はるかに整っていたのですから、この問題に、情熱を傾けたのも当然でしょう。

しかし、これは、ヨーロッパ北部の学者に一般的な見解でありまして、これとは別に学問上の公平さという鷹揚な態度などとれず、サラセン人を聖書の歴史の中に位置づけるという甘っちょろいやり方に我慢ができず、聖書にある預言の中に、イスラム教を理解する鍵を見つけ出そうとする人びとが他におりました。この種の人びととは、スペインに住み、九世紀中頃に著作活動をした人びとでした。

スペインにおける黙示録的解釈

わたくしが述べようとする話のうち、斬新かつ重要な着想はすべて、その起源をスペインに求められます。これは注目すべきことであります。サラセン人をハガルの子孫と同一視しましたベーダの着想でさえ、セビリアのイシドルス〔五六〇頃―六三六、セビリア大司教〕に直接その起源が求められたのであります。このことは、中世を通して見られる定型となってしまいました。雄大な構想、偉大な体系、それに精緻な思想などは、スペイン以外で創り上げられておりますが、そのそもそもの着想は黙示録に基づいたものであれ、科学的であれ、または福音書に基づいたものであるかは別としましても、すべてスペインから出たものでありました。スペインとは、イスラム教の被害をもろに受けた国でありました関係上、イスラム教についてもっとも考えぬいた国でありました。このような事情からついわたくしたちは、スペイン人が持つイスラーム観は、当然激しく、非妥協的で、しかも狂信的であったと考えがちですが、しかしこの常識的な、このようなイスラーム観に妥当する時期は、ごく短期間でしかありませんでした。詳しくは、中世の初期と末期との二回だけ、しかも、ごく短期間盛んであっただけであります。これら狂信により両端をはさまれた時期、つまり九世紀から十六世紀までの長い期間においては、イスラーム・スペインからの影響はまことに多様であり、しかも全体に合理的で穏健なものでありました。スペインが激越な行動を主張し、非寛容の尖兵となった中世の初期と末期においてさえ、それとは反対の動きもまた、この時代の環境の中において、十分に見られるのであります。

このことは、九世紀中頃のスペインに話を戻すことによって、ただちに明らかになります。この時期のスペインのほとんどいたる処にみられるキリスト教徒の共同体の地位は、イスラーム世界全域にわたってみられた多くのキリスト教徒の共同体のそれとまったく一緒でありました(13)。コーランの教えに従って、かれらキリスト教徒は、貢租を支払うという条件で保護を与えられていたのであります。そこには、かれら自身の司教もおれば、司祭もおれば、教会もあれば、修道院もあり、かれらキリスト教徒の多くは、こともあろうにコルドバ回教国国主《アミール》に仕える、責任ある地位についておったのであります。ここまでは、これでよかったのであります。しかし、コーランには、つぎのようにも規定されておりました。つまり、キリスト教徒は、寛容に扱われ、保護されておりましても、「いやしめられるべき」ものであると。[14] 要するに、これはなにも、キリスト教徒が自己の信仰を公然と告白することの否定にも、鐘をつき、行列を行うことの否定にもならず、預言の書、つまり、イスラム教教典を冒瀆することに通ずる訳でもありません。さらに、これらキリスト教徒は、ラテン・キリスト教世界から切り離され、極端に孤立した位置にありましたので、世俗的なものであれ、聖職に関するものであれ、ラテン世界の学問の成果をまったく無視していたのでありました。十世紀ドイツ人によるスラヴ地域への征服とともに活潑になりはじめた奴隷貿易によって、コルドバと北部ヨーロッパとの関係が、再び緊密になったようには見えません。この当時、北部ヨーロッパの修道士たちがコルドバに旅した際の旅の記録がひとつ残っており、これが記録するところによれば、八年間国境の町サラゴサからコルドバまで、隊商がまったく往来していなかったのであります。[15] これは、これからお話ししようとしております一連の事件がその頂点に達した八五八年のことでありました。この当時のコルドバのキリスト教徒がいかに深い孤独の状態にあったかを雄弁に物語る史料として、コルドバの指導的な学者が、この当時コルドバでは手に入らない書物を、つまり、アウグスティヌス〔三五四―四三〇、古代キリスト教最大の神学者〕の『神の国』、ウェルギリウス、ホラティウスやユベナリス〔以上三人、古代ローマの著作家〕の書物を、八四八年ナバラを訪れた時に入手して持ち帰ったという経験ほどよいものはありません。[16] このような著作を手に入れずして、どうしてコルドバのキリスト教徒はローマ文明を把握する力を持ちえていたといえましょうか。

アラビア文学やその温和な美徳を持った、輝くばかりに繁栄している文明の真っただ中にあっては、いかにキリスト教徒といえども、その気質がおだやかになって行くのは無理もないことです。イスラム教の支配権が確立しておりました所では、最終的には、いつもこのような現象が起こりました。スペインでは、このことがまさにこのとき起こりつつあったのです。

キリスト教徒たちは、アラブ人の詩や物語を読むのが好きです。またかれらは、アラブの神学者、哲学者を研究していますが、それもかれらを論破しようという魂胆ではなく、正しいしかも優雅なアラビア語を書くためであります。今では聖書に関するラテン語の解説を読み、福音書や預言の書や使徒を研究している俗人がどこかで見出せるのでしょうか。悲しいかな！　すべての有能な若いキリスト教徒は、熱心にアラブの書物を読み、研究に励んでいる始末です。かれらは大変なお金をかけて、膨大な図書を集め、キリスト教の文献など一顧だにせず、軽蔑しています。かれらは、自分たちの言葉を忘れてしまいました。友人にラテン語で手紙を書きうる人ひとりに対し、優雅なアラビア語で思うままに書きあらわし、アラブ人自身よりもすばらしい詩をアラビア語で書くことができる人が千人もいる始末です。[17]

このような状況は、イスラーム世界での当り前の風景でした。キリスト教の美徳と、イスラム教の美徳が一緒に並べられ、前者が後者によって蚕食されていく過程を、西欧はつぶさに観察する機会に多く恵まれることになります。この蚕食を止めるのには、イスラーム世界を征服するか、キリスト教への改宗を迫るかしかなかったのですが、この時の西欧では、この両方とも至難のことでありました。しかし、八五〇年から八六〇年のごくしばらくの間だけですが、もしこのままなにもせず、なされるままにじっとしておりますれば、しまいには窒息状態においこまれてしまうのではという危機感が、一握りのキリスト教徒の中に生まれ、このような流れを喰い止めたいという反発が呼びおこされました。そしてその反発が抗議運動をひき起こし——イスラム教への抗議ではなく、仲間のキリスト教徒のひとりよがりな自己満足に対する抗議であったのですが——ついには殉教者を出す結末となりました。

この反発、抗議運動を指導したのが、聖職者エウロギウス〔八〇〇—八五九、コルドバの大司教。『聖者たちの思い出』〕と俗人パウルス・アルヴァルス〔八五〇年頃活躍、詩人〕でありました。(18) エウロギウスは、ただ名目上のコルドバの司教となり、八五九年殉教者として亡くなりました。そして、この反発、抗議運動の経過を書き残しました。じつは、それに関するわたくしの知識は、かれの著書によるところ大なのであります。パウルス・アルヴァルスは、中庸を説くキリスト教徒――じつはこれら中庸を説く人びとが多数派でありましたが――を攻撃する、排邪の書『光の書』*Indiculus Luminosus* を書き上げました。かれはまた『エウロギウス伝』も著わしました。この両人の考え方が余りにも似かよっておりますので、本講義においては、両人をまとめて扱おうと思います。簡単に申しますと、かれら両人は、イスラム教の支配は、アンチ・キリストが最終的に出現するための準備であるという考え方に振り回されておりました。その考えを証明するのに入用な証拠を聖書の中に見つけ出したのです。これに必要な証拠を見つけ出すのに何の造作も要りません。もしかれらが、少し懐疑的な人でありましたら、自分たちの研究が余りに簡単に成功を収めたこと自体、その研究は大したことではないという警告になっていることに気がつくはずですが、しかしかれらは残念ながら、それほど懐疑的ではありませんでしたし、また悪いことに、かれらを継いだ人びとも、かれら両人と同様、余り懐疑的な人びとではありませんでした。アルヴァルスは、ダニエル書の中にある、つぎの言葉を読み、かれは、これらの言葉が意味するところを見てとり、これらの言葉が、自分の時代の位置をいかに表現

しているかを悟ったのであります。(19)

第四の獣は地上の第四の国である。これはすべての国と異なって、全世界を併合し、これを踏みつけ、かつ打ち砕く。

伝統的なキリスト教思想でいえば、この国とはローマ帝国を指し、アッシリア人、ペルシア人、ギリシア人の帝国についだ第四の世界的強国でありました。(20)

十の角はこの国から起こる十人の王である。

ここでのべられている事実は、ローマ帝国を亡ぼしたゲルマン蛮族の侵入者を示していました。

その後《のち》にまたひとりの王が起こる。彼は先の者と異なり、かつ、その三人の王を倒す。

ギリシア人、フランク族やゴート族を圧倒した大帝国を創りあげたマホメットの後継者たちがそれにあたります。

彼は、いと高き者に敵して言葉を出し、かつ、いと高き者の聖徒を悩ます。彼はまた時と律法とを変えようと望む。

マホメット、イスラーム暦やコーランが、まさにここに書かれていることを行ったといえないでしょうか。

聖徒は、三時《とき》半の間、彼の手にわたされる。

ここが難問のところでありました。わたくしは、本文を勝手にいじり変更を加えました(21)。しかし、これはわが著者アルヴァルスが加えた変更だったのです。パウルス・アルヴァルスは、このよくわからない言葉を一時《とき》七十年とし、その三倍半、つまり二四五年とし、イスラム教は、この間栄えると解釈したのであります。かれは、八五四年にこれを著わしているのであり、イスラーム暦では、紀元元年が六二二年（かれは六一八年と信じていたようですが）でありますので、明らかに、この世の終末が間近に迫っているということになります。ある奇妙な偶然の一致といいますか――あらゆるものが、なんともうまく、わたくしたちが信じたがっている仮説を支持しているのですが――コルドバ回教国国主《アミール》アブド・アッラフマーン二世が、八五二年になくなり、「われらが時代のもっとも呪われた人」マホメット一世がこともあろうに跡継ぎとなったのであります。かの大詐欺師創始者のマホメットと、この回教国国主《アミール》との名前の一致こそ、雄弁に万物の終末が間近に迫って来たことを物語っており、パウルス・アルヴァルスよりも慎重な学者でさえも大胆にこの世の終末を説く仕儀となりました。

ヨブ記やヨハネ黙示録にまでわけ入り、これら迫害された人びとの、複雑な年数計算の跡を辿ってみようとは思いません。かれらには、自分たちの仲間に、迫りつつある危機や自分たちの使命感を何とか訴えたいという切羽詰まった義務感や心の痛みがあったため、知的にみまして、別に推賞すべき物はこの体系に何も無いのですが、何かしら気品がただよっているのであります。かれらの跡につき従っていった多数の人びとの場合についても、同様にこのことは十分に言われうるのであります。かれらは、なんらの困難もなく、イスラム教やその創始者の中に、キリスト教に敵対する不吉な陰謀の徴《しるし》を見つけ出すことができたのであります。かれらは、どんな些細なことの中にもアンチ・キリストの戦略の特徴でもあった、あのキリスト教の全面否定を見てとったと考えていたのであります（実のところ、ほとんどなにも知らないのに等しいのですが)。かれらは、スペイン人がビザンツに伝わった伝説をもとにし、創意工夫をこらして作りあげたマホメットの短い伝記についての、固定観念につかれておりました。そしてこの伝記が教えるところによりますと、なんとマホメットは、スペイン紀元六六六年に亡くなっていたのであります。[22] かれらはこの六六六が、ヨハネ黙示録のいう野獣、アンチ・キリストを象徴している数字であることを知って、べつに驚きもしなかったでしょう。また、マホメットの生涯が、キリストの生涯のパロディであることをみつけても驚きもしなかったでしょう。

これにつきましては、その他色々なことがいわれますが、同時代の情況との係り合いという観点より見ますと、これは、とにもかくにも、西欧で発展した、最初の、厳密な、首尾一貫した、しかも包括的なイスラーム観であったのです。これは無知の産物でした。しかし無知とはいえ、その背景には複雑なものをかかえていたのであります。この見解を発展させた人びととは、自分たちの深い経験を書いた人びとですし、かれらは、この経験を、かれらに利用できる確かな唯ひとつの基礎――つまり聖書――に関連づけたのであります。かれらは、イスラム教についてては、なんの知識も持っておりませんでした。これは、なにも、カロリング朝の学者のように、イスラーム世界から遠く離れていたためではなく、イスラム教徒のまっただ中にいたという正反対の理由からであります。かれらは、自分たちのまわりで起こっていることのうち、ほんのわずかしか見ませんでしたし、また理解もしておりませんでした。また、宗教としてのイスラム教については、なにも知っていなかったのですが、それはかれらがなにも知ろうとはしなかったためでありました。少数派集団中の少数派、しかも圧迫され、あまり人に好かれておらない少数派の位置といいますのは、かれらを圧迫している人びとの正確な位置を科学的に究明するに相応しいものではありませんでした。かれらは、同時代のイスラム教徒が編集した膨大なマホメットの伝記やコーランという、汲めども尽きぬ泉から、マホメットを知ろうとするよりはむしろ、エウロギウスが、キリスト教圏内のナバラでみつけた、実に内容の乏しいラテン語の史料から、マホメットを知ることの方を望んだのであります。かれらは、イスラム教に包み込まれてしまうことから逃れようとしていたのであります。つまり、かれらが逃れようとしていたそのものを理解しようとするのですから、イスラム教そのものに立ち向かうなんていうことは、おかしなあり得ないことといえましょう。

カロリング的伝統

エウロギウスやパウルス・アルヴァルスと同じような見解は、西欧では間歇的にあらわれてくるにもかかわらず、この考え方が、一般の同意を獲得することが決してなかったことは、驚くべき事でしょう。――と申しますのは、これらの主張はいかにも簡単に唱えられるものですし、またすぐに自分に都合のよい史料が集められうるものであることを考えれば、ますますその感を深くします。先に述べましたように、スペインの著作家とは同時代のカロリングの学者たちは、このスペイン生まれの思想の線に沿った考え方にはまったく染まりませんでした。これらスペインの殉教者たちの伝記は、わずかではありますが、北方においても広まっておりましたので、かれらの考え方を知っておりましたなら、あるいは、アンチ・キリストや世界の終末に関する議論も活潑になったかも知れません。しかし、これらアンチ・キリストや世界終末を主題として議論する場合でも、北部ヨーロッパの学者は、サラセン人の役割をまったく無視しておりました(23)。

この一般的な傾向に対しまして、ひとつだけでありますが、例外がありました。この時代の北部ヨーロッパとキリスト教スペインの学者の気質の差が非常に大きいことが明らかにされますので、ここで述べておきたいと思います。エウロギウスやパウルス・アルヴァルスと文字通りの同時代人パスカシウス・ラドベルトゥス〔七九〇頃―八五六、フランクの著名な神学者〕がそれであります。かれは、この時代の北部ヨーロッパのもっとも博識な学者であり、マタイ伝に関する膨大な注釈書の中で、最後の審判の日々を知るための徴候なるものを論じておりますが、ここでかれは、サラセン人についても述べておりますが、それは、サラセン人がアンチ・キリストを体現したものであることを証明するためではなく、キリスト教会外のイスラム教の存在は、最後の審判の日々が必ずしも遠い将来のことでないことを示しているという、穏健で、純学理的な机上の論を証明するためでありました[24]。この勇壮で、衿を正すべき問題につきましては、カロリング朝人は、中世思想のもっともよき伝統の中にあったのであります。――かれらは、用心深く、かつ真面目であれ、とすすめておりました。サラセン人ははるか彼方の敵であり、手近に他の悪魔をひかえていた北部の修道院であればこそ、このような勧めが容易にできたのであります。しかし、事情が現実に切迫してきた時はいつでも、とくに、表面的には平穏だが、内部で進行しつつある矛盾と、外部の危険からくる脅威とが一致した時には、イスラム教を黙示録で解釈していこうという立場は、つねに新しい生命を帯びて出現してくることを、わたしたちは見つけるでありましょう。

Ⅲ

キリスト教世界とイスラーム世界との関係は、第一次十字軍とともに激変したのであります。この事件により、イスラーム世界の知識が西欧にもたらされたのではありません。

事実はまったく逆でありました。第一次十字軍に参加した兵士や、直接かれらに着き従って、パレスチナに行った人びとは、東方世界を、まったくといっていいほどわずかしか見なかったし、理解もしなかったのです。はじめがうまくいき成功したものですから、勝利感やイスラム教への軽蔑感以外、いかなる反応も生まれては来ませんでした。しかし、かれらのお陰で、イスラム教とその創始者は、西欧で、はじめて身近な存在となりました。一一〇〇年以前のスペインや南イタリア以外の中世の文献で、マホメットの名前が見つけられるのはたった一回だけであります[25]。しかし、一一二〇年頃を境にいたしまして、西欧では、すべての人が、イスラム教とはなにを意味し、マホメットとは誰かを、ある程度まで心に描くことができるようになりました。この像たるや、驚くほど明快なものでしたが、正確な知識といえる代物ではありません。ときには、その細部について正確な場合もありましたが、この像を創り出した人びとは、勝利者の傲慢さのしからしむる、勝手気儘な空想に根ざした無知に酔い痴れていたのであります。

十二世紀の最初の四十年ほどの間に、ヨーロッパで創られたこの預言者やイスラム教の本性に関する、先に述べました像は、勝利の中で生まれたものであったのです。この像は、おそらく帰還兵士の炉辺の想い出話とか、はるか銃後にあった聖職者の話とかに刺激されたものであり、北フランスでつなぎあわされたものでありましょう。学校や修道院で、ヨーロッパ人に合ったような形に創り上げられてゆきました。そのような創られ方ですから、通俗的なイスラーム像は、驚くべき生命力を持っておりました。この通俗的な像は、これより遥かに立派な、体系化されたイスラーム像の興亡にも対抗して、最後の最後まで生き残ったのであります。

この時期の、イスラム教に関する虚像が持った生命力を理解するために、わたくしたちは、つぎのことに注意しておかねばなりません。つまり、このイスラム教への虚像が創られた時期は、西欧における、空想的物語が大きく発展した時期と同じであったのです。たとえば、シャルルマーニュ伝説、少しおくれて、アーサー王物語、聖処女の奇蹟譚、ローマの驚異話、ウェルギリウス伝説、その他伝説的なブリテン史——これらすべては、ほぼ同時代の創作であり、マホメット伝説やイスラム教徒のなした行為に関する根拠のない話を生み落としたのとまったく根は同じでありました。これら伝説や空想譚は、創られた時点では、かれらが描いていたと称する対象に関して、多少とも真実味のある話と考えられていたことは、疑う余地の無いところであります。けれどもこれら伝説や空想譚は、創られるや否や、文学として一人歩きを始めました。通俗的な詩のレヴェルでは、マホメット像やサラセン人像は、世代が変わりましてもほとんど変わらず、人気のある小説の主人公のように、かれらは、それに相応わしい特性を持っているように期待されておりましたし、著者も忠実に、何百年にもわたって、それを再生産してまいりました。これら主人公たちが、遂には、腕白な子供たちをおどかすための、単なる作り話に過ぎぬとわかるようになるのが何時のことかをいうのはむずかしいのですが、もともとのこれら主人公の位置は、この子供の話に出てくるような主人公の位置ではなかったことだけは確かであります。

この時代の伝説類を詳細に分析しましても、あまり本講義の手助けにはならないようです。どちらかと申しますと、これら伝説類は、西欧におけるイスラーム観の変遷史に属するというよりは、むしろ西欧人の空想物語の歴史に属しているからであります。しかし、この時代の著作家が根拠にした史料について、ひと言だけ補足しておく必要はあります。

マホメットの生涯に関します限り、西欧の著作家たちは、ごくわずかな事実を根拠にしていたにすぎません。しかもそれも元を辿りますと、ビザンツの著作家に帰せられるものです。(26) これらの事実とは、かれと金持ちの未亡人との結婚という事実であったり、かれの発作であったり、かれの教義の背景には、キリスト教があるという事実であったり、キリスト教世界を破壊するための道具として、みだらな性生活を、あまねく広げようとしていることなどであります。この貧弱な骨組の上に、年代などおよそお構いなしに、一大建造物が構築されたのです。ラテンの著作家たちは、まずはじめに、マホメットとはどのような人で、またなぜ成功したのかと自らに問いかけ、その答えとして、かれは魔術師であり、魔術を弄し、狡猾なやり方で、アフリカや東方にあるキリスト教教会を破壊すると同時に、乱婚を正当化することでもって、その成功を確定的なものにしたとしております。細部にわたる話の中には――たとえば白い雄牛が民衆を恐怖に落とし入れ、ついには新しい法を両角にはさんではこんでくるとか、マホメットの墓が中空に浮かんでいるのは、磁石の仕掛がしてあるためであるという話などは、すべて民間に伝承していた話でありました。またそのほか、マホメットの死とかじつは発作中豚によってやられてしまったのだという話など、――これらは、伝説としてビザンツ世界で流布していた、細部にわたった話を憎しみでもってねり上げたものといえるのです。これら、微に入り細を穿った話の中には、その当時イスラーム世界に流布していた預言者の膨大な伝承とわずかながら係りのある部分もあったかも知れません。しかしそれ以外の話はまったくの作り話でありました。[27] このマホメット伝にあらわれたこのような精神は、この話に責任のある著作家たちのなかでの、もっとも学識のある人によって、じつにうまく表現されております。ノジャンのギベール〔一〇五三―一一二四、歴史家、『第一次十字軍史』〕が著わしたマホメット小伝は、スペイン以外の西欧世界で書かれたもっとも早い、この預言者の伝記のひとつでありました。同時代の北フランスの多くの学者とは異なり、かれは、マホメットに関する史料に相当な疑いを持っておりました。そこでかれは率直に、自分はマホメットを説明するために一冊の記述史料も利用しなかったとことわっているのであります。[28] かれがこの伝記で使用いたしましたのは、民間に流布していた伝承 *plebeia opinio* でありました。この伝承が正しいかどうかについて、かれは正しい判断をすることができませんでしたが、「いくらけなしてもその人の悪意以上にはけなしきれないので、悪しざまにけなしておく方が無難である」とだけはいうことができたようです。対象への讃美になるか、批難になるかは別として、じつに色々な形態をとっておりましたが、十二世紀前半の膨大な文献には、この原則が貫徹しておりました。この原則に従っておりますれば、いくらでも自由に空想の羽根を伸ばすことができたのであります。

これと同じ自由さでもって、イスラーム信仰に関する偏見も、創り上げられてゆきました。この偏見は、『ローランの歌』以来西欧のあらゆる叙事詩に見出されるものであります。[29] つまり、これらの叙事詩では、サラセン人は、一様に偶像崇拝者として描かれております。『ローランの歌』では、サラセン人は、三柱の神、つまりテルヴァガン、マホメットそれにアポロを崇め祀っておりました。時代が下るにつれ、サラセン人は次第に多くの神々を崇め祀るようになるのであります。これは、発展のごく自然の流れと申せましょう。このギベールの文献では、三十柱以上の神が登場して参りました。かれらは、ルシフェル、ジュピター、ダイアナ、プラトン、それにアンチ・キリストも加わった生き生きとしたチームを組んでいました。しかし、これは、民衆の空想が多分に入っただけに過ぎません。間もなく、イスラム教を本当に理解しようとした人は、イスラム教とは宗教中でももっとも厳格な一神教であることを知るようになったのであります。しかしながら、はじめは、自分たちの宗教以外にいかなる経験も積んでいなかったラテン人は、ただ、イスラム教は、一神教という自分たちと同じ線には沿ってはいるが、極端な型態をとった点だけがまちがった所だと、独り合点していたようです。キリスト教徒は、三位一体を信じているのだから、かれらイスラム教徒もそうに違いない（と想像しておりました）。しかし、かれらの三位一体説は、じつに馬鹿げたやつであったに違いなかったのです。またキリスト教徒は自分たちの創始者を崇めているのだから、イスラム教徒もそうに違いない（と想像しておりました）。しかし、イスラム教徒の場合は、かれらの堕落した創始者と堕落した人びとに相応しい堕落した儀式を持っていた、と。

人というものは、必ず自分の知っている世界に似せて、自分の知らない世界を創りあげるものであります。イスラム教に関する早い時期のラテン語の文献の中ほど、これがはっきりあらわされているものはありません。この章におきまして、わたくしたちは、色々な無知に基づいたイスラーム観を検討してまいりました。どんな形であれ、無知について長々と論ずることは、あまり楽しいことではありませんし、また実りあることとも思えないようです。しかし、イスラム教を解釈しようとする試みは将来の物の考え方に深甚な影響を与えました。それにより、イスラム教は、ヨーロッパの思想と感情を支える三つの大きな伝統、つまり、聖書の歴史、黙示録による幻想や民衆の空想という伝統の中に、しかるべき地位が与えられました。ベーダやカロリング朝の学者がわずかな史料を使って、努力しているあの真面目さには強い共感を禁じ得ません。スペイン・キリスト教徒の受難も、かれらの熱狂的な努力にある種の威厳をそえました。十二世紀初期の空想によるイスラーム像再構築についても、好意的なことばかり多くいうのも許されないことです。勝利、成功による力まかせの勝手気ままな誤解は、苦悩がしからしむる、無知からの誤解よりも弁解の余地が少ないのであります。しかし、十二世紀初頭のこれら空想の産物は、いずれお話し致しますが、新しい、より批判的な探究の精神の開始と深く結びついておりました。つぎの章でわたくしが明らかにしたいと思いますのは、この批判的精神であり、これは、これまでわれわれが検討してまいりましたものより、わたくしたち近代人の考え方にはるかに適しているのであります。

第2講　理性と希望の世紀

I

前講の終わりで、十二世紀前半期の、あの空想物語でも、それ以前のものと比べれば、イスラム教に関する、はるかに批判的な研究を生み出す媒体となりうるものだと述べ、その空想物語をある程度評価しておきました。科学と魔術が、その起源において区別されうるものではないのと同じように、驚くべきことには、空想と、実見から得た知識にも、両者には目に見えない類似性がひそんでいるようで、前者が、後者の成長を促すのでありま す。このことを踏まえますれば、宗教としてのイスラム教を、西欧で初めて正確に観察した人びとは、同時にこの時期の空想的な物語文学にも大いに寄与した人びとであったという事実をつきつけられましても、何も驚くには及びません。まずわたくしが想い出しますのは、マームズベリーのウィリアム〔一〇九五頃―一一四三頃、英歴史家〕であります。かれの著わした歴史は、奇蹟や魔術に貪欲なほどの興味を示しておるにもかかわらず、わたくしの知る限りでは、スラヴ人たちの偶像崇拝や異教的な迷信とイスラム教の一神教とを明快に区別した最初の歴史家でもありました。またかれは、一般に流布した通俗的な見方を批判し、イスラム教は、マホメットを神としてではなく、預言者として崇めていることを強調した最初の人でもありました。[1] ウィリアムは、一一二〇年頃に、これらのことを書いていたのであります。この一一二〇年頃といえば、この問題についての誤解が洪水のごとく溢れ、その最盛期に達していた時期にもあたっていたのですが。他にもう一人、ペトルス・アルフォンスス〔一〇六二頃—一一四〇頃、スペイン生まれ、神学者、『ユダヤ人との対話』〕という、スペイン系ユダヤ人で、非常に重要な人がおります。かれは一一〇六年にキリスト教に改宗し、後イングランドを故郷とし、ヘンリー一世の侍医となりました。東方の伝承をラテン語に訳した最初の人であり、アラビア科学を西欧へ最初に紹介した人であるのみならず、マホメットおよびイスラム教の、客観的で貴重な最初の解説書をも残した人でありました。[2] かれ自身、イスラム教とは敵対関係にあったのですが、少なくとも、イスラム教といえども、まだどの宗教を選ぼうかと迷っている人が、宗教を選ぶ場合のひとつの候補たりうることを示しました。さらにもう一人おります。史料としてはほとんど信用のおけない、『史伝シャルルマーニュ』を書いた偽テュルパン〔シャルルマーニュの友人で相談役、大司教テュルパンに託して書かれている〕であります。この書物は、おそらく、一一五〇年よりは少し前に書かれたものであるらしく、この時代に特有のものが混っておりました。[3] 各種のシャルルマーニュ物語ではしばしば、偶像崇拝者としてのイスラム教徒があらわれてきますが、この史伝においても、これらと同程度の詳しさで、偶像崇拝者イスラム教徒の活躍がみられます。しかし、この史伝の中ほどに、ローラン〔?―七七八、『ローランの歌』の主人公〕とサラセン人の巨人フェラクトゥスとの間の神学論争が出てまいります。この論争をみますれば、キリスト教徒とイスラム教徒との現下の主要論点がうまく把握されていることがわかりますし、神の単一性へのイスラム教の主張がいかに強力なものであったかも認められております。この部分は、もちろん後世の挿入でしょう。しかし、たとえそうでありましても、それはかなり早い時期の挿入ですし、この虚構である空想物語の中に、それが存在しているということは、空想と、実見から得た知識とが、お互いに手に手をとって仲よく進行しているその筋道が示されているのであります。

イスラム教信仰への同じような高い評価は、この時代の、ほかの書物にもみられます。一一四三年から一一四六年の間に執筆された、フライジンクのオットー〔一一一二頃―一一五八、独歴史家、『年代記』『フリードリヒ大帝伝』〕の『年代記』にある一節がそれであり、一一〇一年ザルツブルクの大司教ティエモが殉教したことについての、一般に流布している説明を、批判した箇所がそれにあたります。(4) この大司教は、カイロにあるイスラム教の偶像を破壊したことを以て殉教した、と報告されておりましたが、オットーの所見では、これはおよそあり得ないことであったのです。「全サラセン人は唯一神を崇拝し、旧約にある律法を認め、割礼の儀式を遵守していることが知られており、別にキリストを攻撃したわけでもありませんし、その使徒を非難したわけでもありません。ただ、つぎの一点でのみかれらは救済から程遠い存在におかれてしまったのです。――つまり、イエス・キリストを神ないしは神の子と見なすのではなく、世を迷わす男マホメットを、最高神の偉大な預言者として崇めている点であったのであります」。これがオットーの見解でしたので、これらをみてまいりますと、十二世紀の中頃までに、イスラム教の本性についての、理にかなった評価が、かなり広範囲に流布しはじめたといえるでしょう。それが証拠には、イングランド、フランス、ドイツやスペインの著作家たちが、それぞれ個々別々に相互に何の関係もなく、この理にかなった見方を主張することになったのですから。

長い間引き延ばされた揚句の果て、やっと新しい方向への第一歩が、いとも簡単に踏み出されるのですが、第二、第三歩で、思わぬ困難に出くわすということは、しばしば起ることであります。この場合もじつはこれに当ります。十二世紀初頭の西欧におきまして、一人立ちで自主的な研究を行う習慣が確立致しました。それぞれのイスラム教に対する率直な評価の跡に、そのことが示されております。しかしすぐに、その独自の研究を止めさせるような阻止要因が入ってまいりました。つまり、自分の間近にある手に入れやすい事実を基に納得できる判断を打ち立てることと、ただ識りたいがためでありましても、また、将来においてある体系をつくりあげるためでありましても、どちらでもいいのですが、とにかく新しい知識を求めることは、まったく別物でありました。事態は、すでにわたくしが引用致しました著作家でみましたような段階にまで進展していたのですから、つぎに打つ手は明らかです。そのカーテンにできた破れ目を、もっと大きくするべく、権威ある文献を手に入れることでなければならなかったのであります。じつは、このつぎの手を打ったのがクリュニー修道院長尊者ペトルス〔一〇九二頃―一一五六、アベラールの庇護者、クレルヴォーのベルナルドゥスの友人〕でありました。かれの指導の下に、きわめて迅速にこの手がうたれたことは、クリュニーの歴史にとりまして、名誉なことといわなければなりません。ペトルス尊者の庇護の下に、イギリスの学者ケトンのロバート〔チェスターのロバートとも呼ばれている。コーランの訳の他に、多数のアラビア語文献のラテン訳あり〕が企て、一一四三年七月に完了したコーランの翻訳は、イスラーム研究上の一里塚であります(5)。この翻訳が出版されたことで、西欧は、イスラム教を真面目に研究するための道具をはじめて手にしたのであります。この翻訳の出現の結果、先にのべたような客観的な評価が行われた、あの短い時期は、それに相応しい結末に終ることができたのであります。それはまさに結末というにふさわしく、始まりとはならなかったのであります。イスラム教の真面目な研究は、ペトルス尊者と同時代の人にとりましても、またかれの直接の後継者にとりましても、気に入る対象ではありませんでした。

なぜこれがそうなったかは、すぐにおわかりいただけることであります。十二世紀も後半ともなりますと、ヨーロッパは、自分の体内に異端を抱え、蜂の巣をついたようになりますし、対外的にも、イスラーム世界との関係は悪化の一途を辿ったのであります。この世紀の終わりまでに、第一次十字軍の高邁な期待も、相続く軍事的敗北により、跡かたもなく消え失せていったのであります。このような環境は、イスラーム研究を行う上で好ましい背景をなすはずがありません。

ペトルス尊者も、コーランの翻訳を促したり、イスラム教の教義を研究させたりなど、自分のやっていることが、容易に同意を得る仕事ではないことを百も承知しておりました。かれはクレルヴォーのベルナルドゥスの支持を得ようと努めましたが、成功しませんでした。また、長期的展望に立てば、キリスト教世界の利益になるということで、自分は翻訳を助けているのだと、自分のしていることを正当化しようと努めましたが、あまり色よい反応はありませんでした。この時までには、西欧でもすでに知られるようになっておりました偉大なギリシア人の先達ダマスコスのヨアンネス〔六五〇頃―七五〇頃、シリア生まれの修道士〕と同じように、ペトルス尊者も、イスラム教をキリスト教異端、しかも最後で最大の異端とおさえ、正統側がそれをうまく論破し得なかったただひとつの異端と考えておりました。従いまして、異端に満ち溢れたこの時代におきましては、〔かれがいうことには）「あらゆる異端の巣窟ともいうべきイスラム教」には、反論し、弁明しておくことがどうしても必要であったわけです。それも目前に迫った危険の為ではなく、少なくとも、いずれ最後には、これが脅威になるであろうことの為でありました。つまり、

敵は、このような武器で傷つくようななまやさしいものではありませんので、かくのごとき翻訳の仕事など、無駄なようにもみえますが、つぎのように答えておきます。つまり、偉大な国王キリストの共和国におきましては、防衛のために役立つか、飾りのために役立つか、または、防衛にも飾りにも両方に役立つもののほかは存在しませんと。平和王ソロモンは、防衛のために武器を作りました。しかし、かれの存命中はそれは不要なものでしたが。またダビデ王は、神殿のために飾りを作りましたが、それらもかれの存命中には使うことは無かったのです。……じつは、わたくしのやっております翻訳の仕事もそれと同じなのであります。たとえイスラム教徒がこれにより改宗されえなかったとしましても、ともすれば、些細なことですぐに憤慨する、ラテン・キリスト教会の哀れな同胞を、学識あるものが支援することは、少なくとも間違ったことではないでしょう。(6)

これが、修道院長ペトルスの、同胞キリスト教徒に対する弁解でありました。かれは、異端をやっつける武器を鍛えあげていたのです。西欧ラテン・キリスト教会内におけるマニ教の猛威を経験してきました人にとりまして、イスラム教異端が、ラテン・キリスト教会にいずれは入り込んでくるのではないかというおそれは、今日みえるほどには荒唐無稽ではなかったのです。しかし現実においては、マホメットの異端は——異端とすればの話ですが——ヨーロッパにはほとんど受け入れられませんでした。二つの宗教が出合っている境界線上におきましては、つねに相互間に改宗がありました。しかし、それも、ラテン・キリスト教世界の正統派信仰に危機感を植えつけるほど多人数ということではありませんでした。ラテン・キリスト教会内の哀れな同胞を支援するために、どうしてもイスラム教を真剣に研究することが必要であるというクリュニー修道院長の示唆も、期待したほどの効果も得られませんでした。もしいやしくもイスラム教が研究されるといたしますれば、それは、それ以外の理由の為でなければなりませんでした。

コーランの弱点を暴露することによって、イスラム教徒を改宗させたいというかれの願いも、同じように無に帰しました。といいますのも、かれのこの暴露も、そのラテン語の難解さの中に埋もれてしまったままだったからであります。「余は汝らを攻撃する。それも、余の同胞がしばしばなすように武器で攻撃するのではない。余は言葉でする。力ではなく、理性で、憎しみを抱いてではなく、愛でもって攻撃する。余は汝らを愛す。愛しているが故に書簡をしたため、書簡をしたためることによって、余は汝らを救いに導きたい(7)」と説く、クリュニー修道院長の慈悲深き声にも、イスラム教は貸すべき耳を持ちあわせておりませんでした。

　真に困難な問題の議論を新しい方向に向かわせようとする場合、現実の動きがそれを前向きに進むように手助けしてくれない限り、その試みは決して成功しないものであります。非常に寛大な心を持って、ヨーロッパの知的枠組の中にイスラム教を位置づけようとする努力は、ペトルス尊者の時代以降衰えてゆきました。と申しますのは、ペトルス尊者が注意していた以上に、はるかに切迫した、しかも多くの危険があらわれてきたからであります。十二世紀後半、イスラーム世界を見守ってきた大半の西欧人の心を捉えて離さなかった危険とは、軍事的なものであったのです。それへの答えは、いとも簡単であります。軍事力を強化する努力をすればそれでよいのであります。この見解を支持する人も多く、皆雄弁でありました。その中でもっとも目立っておりますのが、フィオーレ修道院長ヨアキム〔一一三五頃―一二〇二、伊異端的神秘主義者〕といえましょう。かれは、とくに感受性に富んでいるという人ではありませんでしたが、中世における数少ない真の予言者の一人であり、表層にうごめく諸々の事実の奥にひそむ本質的なものを見抜き得たと宣言しても、それは様になっておりました。国王リチャード一世〔一一五七―九九、英国王、第三次十字軍の一翼を担う〕は、一一九一年聖地にゆく途中、メッシーナでヨアキムと会いました。そこでヨアキムは、国王に、歴史の流れを描いてみせ、九世紀のスペインの殉教者が創った黙示録的な展望を、現代に復活させてみせたのであります。(8) スペインの殉教者たちと同じく、ヨアキムにとりましても、この世の終末は目前に近づいていたのであります。ヨアキムにとりましても、サラセン人こそ、アンチ・キリストの主要な手先でありました。ラテン・キリスト教世界の両側にあるスペインと聖地におきまして、イスラム教の勢力が新たに強化されていくのを、ヨアキムは見たのであります。つまり、スペインでは、アルモハード朝〔ベルベル・イスラーム朝、一一三〇―一二六九〕、聖地ではサラディンの下で、それが現に見られたのであります。しかし、将来どうなるかに関しては、かれとても慎重でありました。未来を予言するものすべての人に共通しているように、用心深く、手さぐりで進まねばならないものですが、かれとてもこの点では例外ではありませんでした。かれは、国王リチャードに、あなたはサラディンを倒すこと間違いなしと、確信を持って伝えたようですが、その点に関しましては、かれは確かに間違っていたようであります。しかし、この黙示録に基づいた未来像にかれがつけ加えた、もっとも興味深い点は、最後のアンチ・キリストはもうすでに生まれており、しかもローマにおり、ローマ教皇の座につく定めになっているというかれの信念でありました。

今日より振り返ってみますとよく分かりますが、この北方よりきた不信心もの揃いの十字軍兵士の一団に開陳されたこの展望は、最後の審判の日々の到来を予想する際における力点の置き方が、大幅に移動していることを示しているのであります。キリスト教世界を根底より揺り動かすであろう、最後の攻撃を加えるのはサラセン人であると、その役割を大きく評価すると同時に、またおとしめもしたのであります。サラセン人の役割を高く評価する点は、最後のとどめの一撃を加えるというのではないのですが、その直前三回にわたって、ラテン・キリスト教会をこらしめる主体がサラセン人であったことであります。反対にサラセン人をおとしめた点は、キリスト教世界のど真中で、キリストを倒す、内部のより大きな敵の前座の役割しかサラセン人は務めさせて貰えなかったことであります。(9)

最近とみに力を加えてきたイスラム教徒と、こともあろうにキリスト教を否定するローマ教皇とが創り出す腐敗堕落に、キリスト教世界が包摂されるという構図は、中世後期にあらわれたこの種の展望の中に、しばしば顔を出してまいります。この展望は、民間信仰レヴェルのものでありました。これらが、有識者の目にとまり、かれらの表現を通して表面にあらわれたときには、これらは、しばしば、有名人の保護(これにつきましてはいずれ明らかにいたします）を受けました。しかし、十三世紀には——ただし教皇インノケンティウス三世(10)〔一一六一？—一二一六、ローマ教皇一一九八—一二一六〕の場合はおどろくべき例外でありますが——イスラム教が、黙示録で示されている通りの役割を果すという考えは、責任ある思想の主流にまったく影響を与えることがなかったのであります。

II

イスラーム問題の全局面を変えてしまうのに、何よりも大きな影響を与えた事件は、まったく思いもかけぬ方面よりあらわれてきました。それは、モンゴル人が歴史の舞台へ顔を出してきたことであります。もちろん西欧キリスト教世界にモンゴルの出現が与えた影響は、まさに種々雑多といえましょう。まず第一に、かれらがヨーロッパ人の視野に入ったため、地理上の地平が飛躍的に拡大しましたし、この世に存在していることが分かっている人間の数も数倍にもなったのであります。ベーダからペトルス尊者までの西欧で重きをなした人の内で、誰がイスラームの向こうに目を向けたでありましょうか。その種の人がいたことを示す材料は無いのであります。数世紀にわたり隣り合わせたあと、世界像が大きく拡大された結果、ペトルス尊者も、ようやく、イスラーム世界の住民はこの世界の住民の内三分の一ないしは恐らくは半分ぐらいを占めていると、見積ることができました(11)。これは真理に向かって一歩前進したことを意味しております。キリスト教世界は、それ以外の世界が増大していくにつれ、それに反比例して、縮小してゆきました。しかし、イスラム教は、基本的には、まだまだ辺境の現象にすぎませんでした。しかしながら、十三世紀中頃までに、この世界像そのものも、世界の人口の査定と同じように、まったく誤解を招くものであることがわかりました。つまり、それはあまりにも楽観的にすぎるものであります。一人のキリスト教徒に対して、十人、いな多分百人の異教徒がいたのであります。しかしさすがに、このことは誰も知りませんでした。その数は、知識が増えるごとに、増えていったのであります。

この種の情報が豊かになった結果といたしまして、十字軍はまったく無謀な行為とうつるようになり、その目的と方法に関して、大幅な再評価を迫ることになったのです。中世もこれ以後になりますと、西欧世界は、いかなる十字軍ももう無意味だという声と、いやそうではない、さらに大規模な、しかも上質の十字軍ならば良いという声の、二つの陣営に分かれてしまいました。ただひとつ、なにはともあれ、これだけは駄目だということは、あの過去の、調子のいい、思いつきの企てや長期の展望のない計画であったのです。

さらに、十字軍をもっとも狂信的に支持する者でさえも、イスラーム信仰が持つ知的な内容とそのしたたかさに目を向けなければならず、反抗しようとしたり、恐らくはよそから援助を得たりしようとする敵の意思を打ち砕くか、それとも軍事的努力にますます信を置き、西欧の漸次弱っていく筋力にテコ入れをしようとしたのであります。もちろん、十字軍に共鳴しない連中は、ますますもって、学究的な方向に向かい、それにより敵を論破する方向に心を動かしてゆきました。

十三世紀を通して、西欧の人びとにとりましては、異教徒の数が驚異的に増加していったのであります。しかし、二、三の点では、利の方が損を上まわりました。先ず第一に、この舞台への新参者は大半異教徒であったとしましても、かれらは、少なくともイスラム教徒ではなかったことです。モンゴル人がいかに軍事的に強大でありましても、知的には、やがては無視しうる存在となってしまいます。なるほど、非常に込み入った事態が間もなく持ちあがってきました。ヨーロッパの人は、モンゴル人には肝をつぶしました。しかし地理的な位置からみまして、かれらモンゴル人の最初の敵は、おそらくは、キリスト教世界ではなく、イスラム教世界にならざるを得なかったのであります。あるうまいやりくりをして、この地理的な要素は、西欧にとりまして、ひとつの主要な財宝に変えられ得ましたし、またそう望まれたのです。

この時点で、ほかの二つの要因が明らかになってまいりました。ヨーロッパとアジアとの、接触が生み出したまず第一の結果は、キリスト教とイスラム教とは、思っている以上に多くの共通点を持っているということが明らかにされたことであります。いうまでもなく、すでに見ましたように、この点につきましては、早くも十二世紀において、ごく少数の人びとが感づいていたことであります。しかし、十二世紀というあの環境の下では、この共通点など、とくに意味があるとは考えられていなかったのであります。モンゴル人との接触が生んだ第二の大きな結果は、それ以前西欧人がまったく知識を持ち合わせていなかった、原始キリスト教徒が多数存在していることが明らかになったことであります。十三世紀を通して、これら原始キリスト教徒についての事実とつくり話とは、非常に広く流布してゆきましたし、かれらの存在は、ヨーロッパ外世界に関する西欧の思想に、驚くほどの、影響を与えました。

十三世紀を通してあらわれてまいりましたこの状況は、まったく新しい種類の希望と恐怖を生み出す、おびただしい原因を引き出したのであります。本章のあとの部分で、これが原因となって実際にひきおこされた現象を扱いたいと思います。

わたくしは、事件を辿ることにはそれほど興味を感じておりません。まあ簡単に申しますれば、西欧の観察者が持つ世界像とでも呼びうるものへの、これら事件が与えた衝撃に心が動くのであります。従いまして、丁度今概要を述べてまいりました状況を、エピソード風に取り上げ、はっきりしたイメージが見出される時期を二、三とくに取り出してみることがよいように思われます。これらの時期を年代順に並べてみますと、一二二一年、一二五四年、一二六八年と一二八三年であります。この一二八三年は、わたくしたちのいう、たとえ理性の時代の下限とはいえないとしましても、希望の時代の下限とでも申せましょうか。

第五次十字軍

わたくしが挙げました最初の年代は、第五次十字軍が行われた年です。場所はダミエッタ、ナイル河の東側支流の河口の町です。この十字軍は、いかなる実質的な成果ももたらさなかったために、比較的無視されがちでありますが、知的な側面や感情の側面からみますれば、この十字軍は重要でありましたし、その理由も多く挙げられます。これは、教皇庁が、教皇特使を介して直接指揮した唯一つの十字軍であり、遮二無二、あらかじめ予定された偉大な目標に向かって猛進させた十字軍でありました。これは、またヨーロッパ史の転換点でもありました。それがまったく突然のこととはいえ、歴史における最大の失敗のひとつに変わってしまったのであります。しかし、一二二一年の春の段階では、すべてはまだ希望に満ちており、教皇特使は、その状況を自分の主人に報告したのであります。

この報告の要点だけですが、三月十三日教皇は、トリーアの大司教に書き送っているのでありますす。ここに教皇の書簡の抜粋を掲げておきましょう。

神は、はっきりと日々神の民が蒙っている災害、神を呼び求める声に思いを到され、神の大義を裁きはじめ給うた。これは以下のことより明白である。見よ、余の敬愛すべき兄弟、教皇特使、アルバノの司教ペラギウスの、余に報告するところより、通称プレスター・ジョンと呼ばれ、カトリック教徒で神をおそれるダビデ王が、強力な軍隊を率いてペルシアに侵入し、双方主力を傾けての激戦において、ペルシアのスルタン軍を撃破し、かの王国内に二十日の行程分侵入し、そこを占領した。ダビデ王は、占領地内の多くの都市、城郭をおさえ、目下かれの軍隊はバグダード、著名な最大の都市、カリフの御座所よりはなれること十日の行程分の所に駐屯している。このカリフとは、サラセン人が自分たちの最高の司祭、司教をこう称している。この事態を憂慮したアレッポのスルタン——かれはダマスクスやカイロのスルタンたちの兄弟だが——は、ダミエッタでキリスト教軍への攻撃を準備していた自分の軍隊を、この国王に対峙すべくとってかえした。そのうえ、余の特使は、グルジア人、かれらもカトリックであり、軍事的にも優れている、このグルジア人にも使者を送り、かれらの方からサラセン人に戦いを仕かけるように要請し、懇願した。これらの動きより、余は、ダミエッタ駐屯のわが軍が、今夏、希望する援助を受け、それに、神の加護もあれば、エジプトをいとも簡単に占領しうると楽観している。ちょうど、エジプトを護るべくあらゆる所から集ってきたサラセン人の軍隊が、各方面の戦線を防ぐべく分散している間に。(12)

この書簡の中で、わたくしたちは、ラテン・キリスト教世界の首脳陣へモンゴル人が与えた最初の衝撃を見るのであります。そしてギリシア・ローマ以外の世界に住む多数のキリスト教徒の出現により生じた希望の内、その最古の事例をこの書簡に見出すのであります。教皇は、大半の十字軍兵士が思っていたことを報告しただけでありますが、十字軍兵士のなかには、自分で故郷に手紙を書いているものもおりました。この兵士たちの故郷に送った手紙が一通残されており、ここでも、教皇が書き著した話が、相当詳しくして、そのまま繰り返されております。たとえば「ダビデ王は、一三万二千のキリスト教騎士を含む、およそ四十万の兵士をひきつれ、ペルシアを蹂躙し、バグダードの占領は間近で、もう時間の問題であります」と述べられているのであります。つまり、東のかなたから進軍してきましたキリスト教徒の大部隊により、西欧は、イスラム教の脅威からもうすぐ解放されることになっておりました。共通の敵をはさみ打ちにするべく、長い間分離されていた東洋と西欧のキリスト教徒が、協同行動を取るべき時がやって来たのであります。

この話の大半は、空想のたまものでした。しかし、すべてが空想という訳ではありません。じつのところは、ダビデ王は、ジンギス汗《カン》でありましたし、バグダードを占領せずして世を去りましたし、キリスト教騎士などとは、まったくの創り話でしたし、モンゴル人は、来るべき長年月、西欧の修道院の中で静かに生活を送っている人びとの背筋を寒からしめたのであります。しかし、これら創り話の、中心となっていた出来事は、いやはや驚くべき正確さで、最後には歴史的事実として実現してゆきました。たとえば、バグダードは、最終的には、モンゴル人の手におちました。たとえ騎士ではないとはいえ、東方のキリスト教徒の数は、案外多かったのですが、グルジアのキリスト教徒は、信頼をおくこともできず、カトリックでもありませんでしたが、少なくとも実際にいたのでありました。

ルブルックのウィリアム〈ギヨーム〉

バグダードが最終的に陥落するのが一二五八年、それ以前に、さきにわたくしが立てました年表の第二の話題に入るのであります。今度の場合は、一二二一年の夢のような話とは異なり、はるかに実体のある話であります。時は、一二五四年五月三十日。所は、現在のモンゴル共和国領で、今は廃墟となった都市カラコルム、ソヴィエト連邦の国境よりそれほど遠く離れた都市ではありません。この時とこの場所が、東と西の代表を集め、近代史上最初の世界の問題を論ずる舞台となりました。これはじつにすばらしい時でした。しかし、まずこの背景となるものを、ここで少し簡単に述べておきたいと思います。これに先だつこと九年前ジェノバ人教皇、インノケンティウス四世〔十二世紀末―一二五四、ローマ教皇一二四三―五四〕は、イタリア人フランチェスコ会托鉢僧、ピアノ・カルピーニのジョヴァンニ〔一一八二頃―一二五二、『モンゴル人の歴史』〕を、モンゴルに派遣し、そこの状態を報告させたのであります。と申しますのは、西欧の運命は、自分たちに対し、モンゴル人がどのような態度をとるかに大きく依存していたのでありますから。これは、一二四五年のこと。この四年あとで、ルイ九世〔一二一四―七〇、仏王、ルイ聖王、第七・八次十字軍を行う〕のみじめな十字軍が、一二二一年の十字軍を亡ぼした同じナイル河畔で崩壊いたしました。この敗北の暗い影の下で、ルイは、フランドル人フランチェスコ会修道士ルブルックのウィリアム〔一二一五頃―七〇頃、『旅行記』〕をモンゴルに派遣し、さきのとは別の調査使命を与えたのであります。[13] 一二五四年五月、かれは、モンゴルの首都に到着し、ここで大汗《カン》は、すでにふれました大論争を演出したのであります。この論争には、四種類のグループの人が参加致しました。つまりラテン人のために弁じたルブルックのウィリアム、それにかれが対決することになったアジアの三種の宗教のそれぞれの代表――

ネストリウス派のキリスト教徒、仏教徒それにイスラム教徒――であります。この論争は、まる一日続きました。ここでわたくしは、皆様にこの論争の展開を簡単に要約したものを紹介し、これがイスラム教とキリスト教世界との関係に係る限りにおいて、その論争より引き出される教訓を指摘しておきたいと思います。

まず最初に問題になったのは、この論争がはこばれる手順でありました。ルブルックのウィリアムは、かれだけが通訳を通して話さねばなりませんでしたので、不利な立場にあったのですが、他方かれは、新参者として、皆の注目の的であったという有利な点もありました。言葉の問題はいうまでもなく、かれは、二つの問題を抱えておりました。その第一は、正しい順序で、本当の敵と論争をする場を確保すること、第二は、正しい問題――つまり自分がもっとも自信のある問題――から論争がはじまるようお膳立てすることでありました。かれは、これらの問題を堂々と処理いたしました。かれは、ネストリウス派の連中と共同歩調をとることから議論をはじめました。これは、初歩的な戦略上の考慮からでありました。しかし、議論を終始リードしたのは、かれの方であり、かれの同盟者でなかったことは、重要でありました。と申しますのは、かれが注記しておりますように、ネストリウス派の連中は、物事を論証するしかたをまったく知らなかったからであります。かれらの唯一の論証の方法は、聖書を引用することでしたし、この点ウィリアムがかれらに述べたことは間違っておりませんが、これでは、どうにもなりませんでした。と申しますのは、「お前たちが聖書を語れば、敵はお前たちに別のを語るだろう」からであります。そして最後には、かれは、かれの同盟者に、自分がスポークスマンとなることを納得させました。それも、言葉の上でわたくしは大変不利であるから、そうせざるを得ないと、かれらに納得させたのです。「万一わたしが敗けるようなことがあっても、あなた方ネストリウス教徒の発言する機会はまだ残されていますが、もしはじめにあなた方が敗けてしまえば、わたしの言い分を聞かせることは、もうできなくなってしまうからです」。このようにして、かれは最初の得点をかせぎました。

つぎの問題は、最初の論争相手として、仏教徒かイスラム教徒かのどちらかにきめることでありました。ネストリウス派の連中は、イスラム教徒を直接攻撃することを強く望んだのですが、ここでもまた、かれらの議論の仕方がいかに幼稚であるか、そのバカさかげんを証明したのであります。ウィリアムが指摘したようにキリスト教徒も、イスラム教徒も、唯一神の本性や存在という基本的な点では一致していたのであります。ですから、仏教徒に対してならば、他の三派は、お互いに同盟者としてあたれました。しかし、イスラム教徒と議論をたたかわすときは、キリスト教徒はまったく孤立無援ということになるのです。

多少は問題もありましたが、ウィリアムはこの点でも得点をあげ、いよいよ議論がはじまったのです。仏教徒たちは、世界は創られたか否か、そして死後霊魂に何がおこるかという問題から宗論をはじめたがりましたが、ここでも賢明なウィリアムは、「友よ。それは論争の一番はじめに持ち出すべきことではない。万物は神に由来し、神は万物の根元であり、長である。それ故に、われわれはまず神について話すべきである。神に関して、お前たちとわれわれとは意見を異にしているのである」とがんばったのであります。

この手続き問題は、この議論をはこぶため汗《カン》により任命された審判役の判断に委ねられました。そしてこの審判役たちは、ウィリアムの方に分があることに同意しました。ここでもまたウィリアムは、自分の主張を通しました。その日の大半は、神に関する対立した見解の論争に費されました。ラテン人、ネストリウス派の連中、イスラム教徒はすべて一致して、仏教徒に反対したのであります。

皆様は、一方では一神教、他方では多神教の正しさを擁護して行われる、それぞれの論証など聞こうなどとはお思いにはならないと思います。わたくしも、ウィリアムが書いているように、少なくとも一神教の論点の方が圧倒的に優位であると思わなくもないのでありますす。かれが勝利を収めたなどいってみましても、当然といえばいえなくもないようです。ウィリアムは、権威をもって、そして長い哲学の伝統に裏打ちされた正確さで議論することができたのでしょう。一方かれの敵は、天上の神々や地上の神々の複雑な系譜にとらわれてしまい、神の全能の問題につき明快な答えを出すことができませんでした。そして、ついには仏教徒は、どんな神も全能でないという見解に身を任せる破目に落ち入ってしまいました。見物していたイスラム教徒がこれを聞いて大声でどっと笑い出し、ウィリアムは甘美な勝利に酔ったのであります。

この時まで、ネストリウス派の連中は、じっとしゃべらずに我慢していたのであります。かれらはイスラム教徒との論争を望んでいたのであります。そこでウィリアムは、論争より身を引き、ネストリウス派の連中の話すにまかせました。ここでまた新しい勝利がかれとかれの同盟者に訪れてきました。と申しますのは、イスラム教徒は「あなたがたの心が真実で、福音書に見える事実はひとつ残らず真実であることを認めます。従いまして、どの点についてもあなたがたと宗論する気は毛頭ありません」とのべ、論争することを拒否してしまいました。さらにかれらは、自分たちの祈禱で、キリスト信者のごとく死なせ給えと祈っていることさえ告白する始末であります。このようにいたしまして論争は終りました。キリスト教徒とイスラム教徒とは協同して仏教徒にあたり、ともに勝利を得、かれらはひとり残らず、心ゆくまで、したたか飲んだのであります。

もちろん、ルブルックのウィリアムが、この論争の公平な記録を残したという保証はありません。しかし、この大まかな筋ぐらいはまあ真実と考えてよいように思われます。しかし、もっと大切なことは、これが西欧にもたらされた記録であることです。つまり、その当時、これは西欧にどのような印象を与えたか、また今ならばどのような印象を与えるのでありましょうか。

まず、この論争で明らかになったことは、弁論術でラテン人の方がまさっているということでした。百年以上にもわたって学校でとぎすまされ、準備されてきました西欧の論理学が、ついにここに実を結んだのであります。ルブルックのウィリアムは、神学の問題に関する議論の仕方を知っておりました。これとは対照的に、敵は知りませんでした。この論争は、論争で異教徒をまかすことは、ごく簡単であるという主張に勇気を与えました。しかし、世界情勢にかかわるレヴェルでの議論が効果を持つには、この弁論術が、言葉という知識によって裏打ちされる必要のあることもまた明らかにしております。それからまたこれは、キリスト教世界の敵は誰で味方は誰かということにも相当光を投げかけました。すなわち、ネストリウス派の連中は、狡猾さもなく、議論下手で、手にとって引っぱってやらねばならぬ単純な人びとであり、仏教徒の連中は、自分を弁護して述べるほどのものも持たず、質問されてもすぐうまく返答できない体の人として、またイスラム教徒は、キリスト教徒にもっとも近く、軍事的にはともかく、知的には同盟者になりうる可能性を秘めているものという一般像をうち立てるのに、この報告は役立ったのであります。

自分の経験を書き記した、ルブルックのウィリアムのこの日録は、広く読まれた訳ではありません。なるほど、現存の写本から判断すれば、この日録は、イングランドでのみ読まれただけのように見受けられるのであります。[14]この写本がイングランドで相当広く流布していたことと、この著者と会い、ヨーロッパ外世界の状況の件でかれと議論をしたことが知られている一イギリス人とを結びつけることは、何も思いつきでも空想でもありません。この英人とは、ロジャー・ベーコン〔一二一四頃—九四、英哲学者、科学者〕であります。かれの登場でもって、いよいよ第三番目の話題に入ります。このあと、一二六六—六八年の間に、教皇クレメンス四世〔?—一二六八、仏聖職者〕のために書いたかれの論文を紹介しようと思うのであります。

ロジャー・ベーコン

ロジャー・ベーコンは、偉大な名声の割には、ほとんどその生涯がわからない人であります。かれの、知られており、出版されている著作だけでも多数であり、それらがまだ十分には研究されてはおりませんし、またその著作の価値についても、一般的に評価が一致している訳でもないようであります。かれは、一方では過大評価されるかと思えば、他方では過小評価されている人であります。つまり、かれは、しなかったことで過大に評価され、したことで過小に評価された人でありました。かれの全思想体系の中の片隅の、ごく一部を紹介するだけですが、かれは、政治家が持つような見識を持ち合わせた、しかも感受性の強い人物であることを、まず申しあげておきましょう。大方の同時代の人よりもはるかに見聞は広いのですが、同時代人と同じ希望と恐怖にかられ、パリやオックスフォードの両大学の伝統的な方法論の枠組の中でのみ仕事をした人でありました。

かれとイスラム教との接触は、おもに哲学の上でのことでありました。西欧の神学者に、イスラームの著作家が及ぼした哲学上の衝撃は、かれが大人になった頃にはじめて、肌で強烈に感じられるようになりました。この問題も魅力あるものですから、詳細に論ずれば面白いのですが、本論から大分それてしまうのが残念です。たとえば、ジェルベールやアヴィケンナの時代でわたくしが描き出した状況と比較をすれば、その劇的な変化がよく観察され、面白いのですが。十三世紀になり、ようやく双方ともに同じ哲学上の方法論を共有することになりましてから、イスラームと西欧との間に新しい大きな絆が生まれてきました。——すでにこれにつきましては、はるか遠方カラコルムでの宗論の経過に、この連帯がいかに効果をあげたか検討してまいりましたが——ここで、二言三言、西欧がそれ以前の哲学上の孤立からいかに脱却していったか、その過程をつけ加えておく必要があります。

この変化は、ほとんど十二世紀第三・四半世紀に、トレドで活躍した一群の熱心な翻訳家たちの仕事の結果でありました。[15] これら翻訳家たちは、偉大なイスラームの哲学者、たとえば、アルキンディ〔八〇一頃―八六六頃、ギリシア哲学とイスラム教義との調和に努める〕、アルファーラービー、アヴィケンナなどの著作を西欧に紹介致しました。またイスラム教成立以来数世紀の間、イスラーム諸学を創造するのに影響力のあったギリシア哲学や科学思想の伝統の中に、はじめて、西欧を置いたのも、これら翻訳家に負う所が大でありました。大量のギリシアの哲学書、科学書が、十二世紀の末までにラテン語で読めるようになりました。しかし、およそ一二三〇年――つまり、ロジャー・ベーコンが大学生活をはじめた頃でもありますが――まで、ギリシア哲学や科学の観念とその固有の用語がラテン神学に入りこむことはなかったのです。ギリシアの学問はつねに勝利ばかりの歴史ですが、その中で、この時だけは、その征服にもっとも手間どったのであります。これ以前の神学者たちが、アウグスティヌスの名前と並んで、アヴィケンナの名前を見つけたとすれば、かれらは、さぞかし驚いたことであろうと思います。しかし、このような事態は驚くべき速さで進行致しました。最近学者は、十三世紀の神学の中にイスラームの著作家の影響の跡を広範囲に見つけ出しております。しかも、調べれば調べるほど、その範囲がますます広がってゆくのです。イスラム教徒の中の、最後の偉大なアリストテレス学者であるアヴェロエスの名前にちなんで、ラテン・アヴェロエス主義と名付けられた、このアヴェロエス主義〔一二六〇年以来、パリで起こったアヴェロエスを通してアリストテレスを受け入れんとする主義。七〇、七七年異端とされる〕は、十三世紀後半では大きな影響力を持ち、しかも大変異端くさい、思想の一学派であったことが、ルナンの大著が出版されて以来、周知の事柄となりました。しかし、最近になって、ラテン・アヴェロエス主義以前にラテン・アヴィケンナ主義と呼ばれる一時期があったことも判明してきたのであります。従いまして、両者の中間を示す、初期の、しかもまだ正統であると認定されていた段階のアヴェロエス主義への十分な研究が、切に待たれるところであります。

これらの影響により一二三〇年以来半世紀の間に、ヨーロッパ知識人の物の見方は大きな変化を被りました。これは、いくら強調しても誇張とはならないほどです。これは、アルフレッド・マーシャル〔一八四二―一九二四、英経済学者〕やケインズ〔一八八三―一九四六、英経済学者〕の伝統の下で育まれた近代経済学者が、突然カール・マルクス〔一八一八―八三、独哲学者〕の用語を使用しはじめるのに似た現象ですし、自由主義陣営の政治家が、レーニン〔一八七〇―一九二四、ロシア革命の指導者〕に特有の言いまわしで自己を表現することに似ているのであります。これが現実に何を意味していたのか、その一例を挙げておきましょう。

祝福された霊魂は、天国において神に直接お目見えがかなうということは、キリスト教神学に共通な信条のひとつであります。従いまして、一二四一年一月パリ大学は、これを否定する見解に批判を加え、従来の伝統的な見解を再び強調する必要を感じましたところをみますと、この件に関しまして、何か神学者全員の一致を見出す必要に迫られる事態が起こったことが確認できます。これを乱したものが正確に何であり、その範囲がどの程度であったかは、しばらくは意見が分かれておりましたが、ようやく最近になりまして、この混乱の原因はどうやらアヴィケンナの影響により生じているらしいことがはっきりしてまいりました。つまり、一二四一年に先立つ十年間を通して、アヴィケンナは、急速に西欧に滲透していったのであります(16)。創造主は、創造されたものには、決して直接まみえることがかなわぬ、というのがアヴィケンナの見解であります。神と人間との分離を上記のごとく強調するところに、イスラム教の考え方とキリスト教の考え方との差が、明快に見出されるのであります。しかし、アヴィケンナの権威のお陰で、神人分離のこの見解は、西欧の学者グループの中でも、少しは進展をみたように思われます。この新しい考え方は、多くの反響を呼び起しました。この内でもっとも重要なものがトマス・アクィナス(一二二五頃—七四、伊ドミニコ会修道士、『神学大全』)の反論であります。それは、一二五〇年頃に書かれた長篇の討論に収められております。御期待通り、トマスは、祝福された霊魂は神と直接まみえることができるという、より古い伝統的な見解を支持しておりました。しかしこのイスラム教に基づく誤謬への反論のなかで、かれは、こともあろうに、ほかのイスラームの哲学者アヴェロエスの用語ときまり文句を使用したのであります。その当時の風潮として、その誤謬がアヴィケンナのものであれば、その誤謬をただす言葉はアヴェロエスのものであります。神学上の中心問題に関しまして、十三世紀中葉では、西欧の神学者はどのような考え方を抱こうとも、いつもイスラーム哲学の光の下に、伝統的な見解を再検討することに何のためらいも持っておりませんでした。いな少なくとも、自分たちの伝統的見解をこれらイスラームの哲学者の用語で言いかえることに、何のためらいもありませんでした。

見方や用語の面で、キリスト教神学がイスラーム哲学の影響をうけていく過程が面白いものですので、いつまでも論じ続けたい気もいたします。じつを申しますと、今論じてまいりました学問の上での影響は、はるかに広範囲なイスラーム文化の滲透のただの一面にすぎなかったのです。たとえば、時を同じくして、アラビア語からフランス語やラテン語に訳された一作品が、ダンテ〔一二六五―一三二一、伊詩人〕の『神曲』の構成に影響を――恐らく深甚な影響を――与えたことは疑えません。この作品とは、マホメットの天上における旅を描き出したものですが。[17] ダンテが、イスラームの哲学者アヴィケンナやアヴエロエス、それにイスラームの戦士サラディンを、古代の聖人や英雄とならべて、しかも近き代の人としてはかれらだけですが、リンボ〔洗礼を受けなかった幼児やキリスト降誕以前に死んだ善人の霊魂が住む天国と地獄の中間にある所〕に配置しているのをみても、かれが言葉で表現している以上にはるかに、イスラム教がキリスト教世界に与えた影響を自覚していたのであります。[18] しかし、このことばかりお話ししておりますと、どうも本論からそれてしまいますので、この辺で再びロジャー・ベーコンに帰っていこうと思います。そしてベーコンが、自分の生きている時代に経験した知的・地理的拡大を、どのように表現しているかをお話ししようと思うのであります。

一二六六年から六八年にかけまして、ベーコンは、長い間温めてまいりました野心、つまりローマ教皇に直接書簡を送り、キリスト教世界が抱えている事態の中で、調子の狂った具合の悪い箇所を指摘し、それに忌憚のない自分自身の見解を披瀝しようとする野心、を実現したのであります。かれは、自己主張の強い人でありました。かれは、狂ったように研究し、自分の考えを、長短様々な、一連の作品に注ぎ込みました。どれもが多少凹凸はあるにしても、ほぼ同じ分野を扱ったものであり、つまりこれであらゆる分野がカバーされていることにもなるのですが、——繰り返しが多く同時代の作品を無思慮にも誤って使用するし、未来への示唆も自信に満ちたものでありました。これら作品群が、中世を通してもっとも著名な作品にランクづけられていたのであります。――なるほど、かれの作品は読みやすさの点では最高の部類に入るのは確かですが[19]――。しかし、ごく最近になりましてベーコンが教皇に送りました写本そのものが明るみに出てきたのであります。これによりますと、かれは最後の土壇場になって思いなおしたものをつけ加えたり、重要な点に注意をひくべく、特別なしるしをつけたりしているのであります。さらに、ごく最近になり、道徳哲学の書ともいうべき『大著作』*Opus Maius*の、最後の部分が、そのオリジナルな原本から印刷にふされました[20]。このお陰で、わたくしたちは、ロジャー・ベーコンにイスラーム文化が与えた影響につき、ほぼ完全な像を描き出せます。

さて、この場にいたり、ベーコンが、世界においてキリスト教がいかなる位置を占めていたのか、それを正確に測定することがようやく可能になったことを知るのであります。これはそれ以前では、可能なことではありませんでした。つまり、「キリスト教徒の数などわずかであります。この世界は広く、しかも異教徒で占められており、キリスト教の真理をこれら異教徒に教えようとする人は一人もいない状態であります[21]」。なぜ異教徒にキリスト教の真理を伝える人が一人もいないのでしょうか。それは、一部はキリスト教世界の目的が間違っていたため、一部はその組織が不十分であったためと、かれは答えています。その目的が間違っているとは、その目的が支配欲に悪用されてしまって、結局は改宗の仕事がおさえ込まれてしまっているからです。戦争は成功しませんでした。しかし、たとえ戦争が成功していたとしましても、戦争など改宗になんの益をもたらさないでしょう。何故なら、まず第一に、そのように大きな土地を占領しておくことが不可能であるという理由があげられますし、第二の理由としては、生き残った人びとが征服者に反抗の炎を燃やし、征服者自身が生きていくのにも危険であるのですから、改宗どころのさわぎではありません。――これは、ベーコンが申しますように、その当時のイスラーム世界ほぼ全域で見られることなのです。このように述べたあと、説教こそが、キリスト教世界が拡大されうる唯一の道と断定いたします。[22] しかし、これが成功するためには、まだ三つの面で、準備不足でありました。つまり、誰も説教に必要な言葉をマスターしていないこと、異教の研究も進んでいないこと、それにそれぞれの異教の識別すらできていないことであります。それにそれぞれの異教にあった論破の方法、議論の進め方の研究もまったくないことでありました。

このベーコンの著作は、まず準備的な素描ではじまり、示唆、定言そして十分に計算されつくした議論が来、それでそのほとんどが占められております。先ほど述べましたキリスト教世界が持つ欠点がつぐなわれうる方法も、その中に示されているのであります。今から振り返ってみますと、かれは余りに楽観的にすぎたことが分かります。また三日間で、教皇やそのほか誰にでもヘブライ語を教えこむというベーコンの提案には、教皇も懐疑的になったに違いありません。[23] これは、今という有利な立場に立たなくても分かることです。しかし、わたくしたちは、このベーコンの楽観主義をあまり誇張してはいけません。かれは、ラテンの教父が使用したヘブライ語の意味だけを教えますといっているにすぎないのですから。かれにみられる、あらゆるものへの楽観主義は、かれと同時代人に共通したものですし、同時代の出来事をみましても、そうであることを確信させてくれるのであります。

外国語教育に関するベーコンのくどさにはうんざりいたします。しかし、かれは、色々なタイプの異教を分析しておりますし、一体何が原因でこの異教が興隆したのか、また何が影響してこの異教が存在しているのか、それぞれの原因をみつけ出そうと手を広げ、新しい科学の創設へと向かってゆきました。かれの分類体系は、今となればおそろしく奇怪なものにみえるのも当然でしょう。かれの考えですと、どのような生活様式であろうと、その最終目標により——つまり快楽、富、名誉、権力、名声ないしは来世の幸福により——六つに分類されてしまうとのことです。国についても同じことがいえ、それぞれの最終目標に従って分類されるとも考えていました。たとえば、サラセン人は快楽、タタール人は権力、等々。国の場合には、さらに組織や信仰の傾向によっても分類できると考えていたのです。たとえば、かれらが一神教であるのか、多神教であるのか、それとも無神であるのか、さらには聖職者がいるのか、いないのかなども分類の基準となります。またさらに、国は、星の運行からも影響を受け、そのもとで最盛期を謳歌するのですが、それを基準にして分類もしているのです。[24] これらの分類をするに際して、ベーコンは、アリストテレスの『政治学』に大きな影響も受けました。つまり、アリストテレスは、その国制や最終目標を考慮して、国を六つのタイプに分類しました。最終結論がいかに奇妙なものであろうとも、その処置の仕方の面におきましては、ベーコンはよき師を持っておりました。とは申しましても、キリスト教世界のあらゆる仮想敵を総嘗めにしようとしたことは、まさに正しかったとわたくしたちは認めなければなりません。

しかし、このように全部を嘗めつくしたとしましても、研究によって明らかにされた敵と知的に戦う計画が伴わなければ、余り意味がないのではないでしょうか。世界経済の歴史の中で、イスラム教は、丁度この時点におきまして、全く面目を一新してゆきます。ベーコンは、これまで分析してきた種々の教派がキリスト教の真理を信ずるまでに説得するのに二つの方法、つまり、奇蹟によるか、哲学によるかの二つの方法しかないと述べ、分析を進めます。かれは奇蹟の効果にはまったく信を置いておりませんでした。すでに戦争は除外しておりましたし、また、ここで奇蹟も除外したのです。そうしますと、必然的に、哲学のみが残されることになります。しかし、まさにこのたのみの哲学におきましても、キリスト教世界は見劣りする始末であります。「哲学は、じつをいいますと異教徒の得意とする分野であり、わたしたちが持っている哲学もすべてかれらから借用したものです[25]」とベーコンはいいます。つまり、自らを知るに必要な哲学を、キリスト教世界に与えてくれる役を果したのは、異教徒であったのです。――このように述べたベーコンの頭の中には、最初はギリシア人、次いでアラビア人が浮かんでいたに違いありません。もちろん、この哲学は、啓示により豊かになり、異教徒のもとに帰ってゆくのですが[26]。歴史上キリスト教世界とその外部の世界とは、相互に影響しあい、両者は、お互いに不足分を補い合ったのであります。哲学は、外の世界に福音するための予備的な備え*preparatio evangelica*でありました。「と申しますのは、哲学の持つ力は、神の叡知と一緒であり、人類が神の真実にまで高められるべく、神が人類に与え給うた神の叡知の外枠であるからでありま[27]す」。

いやしくも哲学が高貴な地位を持つとすれば、それは哲学を駆使して、異教徒を説得し、その誤りを納得させることができた時です。ベーコンは、この世の総ての宗教をひとつずつ取りあげ、それぞれの宗教を論破するに最適と思われる議論の仕方を、例をもって示したのであります。かれは、ここでは相手国の大衆に訴えるだけではなく、そこの知識人を納得させる議論の方法を提示しようと努めました。「と申しますのは、どこの国におきましても、理にかなった説得であれば、それに応じうるような有能なそして勤勉な人がいるからであります。」またかれは、共通の土俵に立って議論を運ぶ必要性を認めるだけではなく、それぞれが直面する敵に応じてこの土俵を変えていく必要性も認めておりました。かれは、イスラム教に至るまでに、色々な宗教を検討してゆきます。この事実からも分かりますように、かれは、イスラム教をもっとも論破しがたい宗教と認定しておりました。イスラム教に対しまして、こうすれば論破できうるとかれが考えている一連の長い議論を展開してゆきます。この議論はすべて、三段論法にはめられて展開されております。その大前提ならびに小前提が、イスラム教の著作家から直接引き出されたものであるか、ないしはかれらが暗示したものでありました(28)。たしかに西欧人の心には、これらの議論でも結構意味はあったのですが、これで多くの改宗者を獲得できうるとは、わたくしには思われません。ベーコンが犯したそもそもの誤りは、かれの目の前にあるラテン・スコラ神学者がやっているのについつられ、思い込んでしまったのですが、イスラーム哲学の代表でもない哲学者の文献やコーランから無差別に大前提・小前提を引き出したことであります。かれが代表と誤解した哲学者は、この時にはすでに、正統派イスラム教徒により、用無しとして放擲されていたような人物であり、事実それら哲学者のほとんどは、捨て去られ、かえりみられなくなっておりました。かれはせっかちに次から次へと攻撃を加え、イスラム教を塵芥にまでおとしめようとしました。しかし、イスラム教に痛撃を加えるのが、またあまり雄弁にすぎるのです。とはいえ、急いで書き、他人から何の励ましもなく、自前で、キリスト教世界によかれと、一〇〇〇ページにもわたり議論や訓戒を展開したあと、書物の最後のあたりで、色々提言を提示しているのですから、それを厳しく断罪することはさけたい気になるのも人情でしょう。この作品は、書くべき時期と情熱とがうまくマッチしたすばらしい例といえます。その完成したもの、その体系、また議論の信頼度やイスラーム哲学が持つ力への認識などのなかに、希望と理性の一致した最高の事例がみられるのであります。

しばらく話題を変え、ベーコンが描き上げた世界像と、すでにお話ししました著作家たちの世界像とが非常に隔たっており、差のあることを指摘しておきます。まず第一の、しかももっとも決定的な差は、ベーコン以前の思想家は、イスラム教を、真理からそれ、アンチ・キリストが行う最終的な全滅を準備する、つまり終末へと堕落していく、一部分を分担するものとしての否定的な役割しか、歴史上において認めない宗教とみなしていたのに対して、ベーコンは（そして、同時代でかれだけがその動きを知っていた唯一の人ではないのですが）理路整然とした統一体を目指す上向きの勢いを持っているものとの認識を持っておりました。そこにおきまして、イスラム教は、それが消滅する前に果すべき基本的な役割をになうわけであります。かれは、この世におけるイスラム教の役割を理解するための手段として、聖書を使用することを完全に放棄し、もっぱら哲学に頼りました。イスラム教に関する知識を獲得するために、かれは、イスラーム哲学者や旅行者の経験に頼ったのであり、それ以前のヨーロッパの著作家を特徴づけたわずかな、偶然にえられた、断片的な知識には頼りませんでした。もちろん、哲学者や旅行者は、かれが考えるほど信頼はおけませんでしたが、かれは大変多くの知識を持っていた訳ではありませんし、事態を正しく認識していた訳ではありませんが、かれは知ろうとは努力しましたし、その知識を組織的なものにしようと努めたのであります。

希望に満ちた数十年

一二六八年以降ベーコンは、わたくしたちの視界から姿を消します。ときどきちらっと姿をあらわすのですが、不興をかった時であるとか、投獄された場合などであります。かれが書いた時の雰囲気は、しばらくの間は続き、事実と矛盾していないようにうつりました。つぎの二十年間東方を旅行した旅人の報告には、ベーコンと同じ楽観的なムードが漂っておりました。たとえば、アッコンのドミニコ会托鉢修道士トリポリのウィリアム〔十字軍従軍著作家〕が、一二七三年、リエージュの司教座聖堂助祭あて、イスラーム世界の状況を報告しておりますが、その中で、「かれらの信仰は、多くの偽りがからまりつき、虚構で飾られておりますが、今では、キリスト教信仰に近く、救済の道よりそう遠く隔たっている訳ではないことは、明らかです(29)」と報告しております。

さらに、マホメットの信仰や教義は、ユダヤ教の信仰と教義と同じように、間もなく終るはずであり、そのあとにはキリストの信仰のみが残り、この世が続く限り、安定した状態で、亡びずに続くという考えが、全イスラム教徒の心の中で共通に広がっていることを、かれは報じています(30)。ベーコンは、この信念を文献資料から知ったのであります。俗にマホメットに帰せられた言葉として、自分の宗教は、アッバース朝が続く限り存続するという言葉があったことをわたくしたちは確認できます(31)。この王朝は、モンゴルによる一二五八年のバグダード略奪により崩壊してしまったのですから、もしこの予言に幾ばくかの真がありますれば、イスラム教の終焉は間近に迫っているのでありました。トリポリのウィリアムは、また預言者に対する批判も報告しておりますし、イスラム教徒は、じつは理路整然とした神学を持っておらないのだという、イスラーム人自身の間にある意識をも探り出しております(32)。かれ自身も、かれのいうところによりますと、はるか千人を超えるイスラム教徒に洗礼をさずけたとのことであります。(33)この報告を読んだ人なら誰でも、いよいよ畑は実り、収穫を待っていると結論づけたくなるのも人情ではないでしょうか。

トリポリのウィリアムが、イスラームはまさに崩壊寸前にあるのだと報告しておりますが、これと同じ程度に希望的観測を許す徴候、つまり東方のキリスト教徒と、西方の同胞との統合の準備がなったことを示す徴候がみえてきました。一二八三年ドイツの一旅行者シオン山のブルハルト〔ドミニコ会托鉢修道士、当該地域に十年余滞在〕が、自分の実見談を報告書として書いたのです。かれは、シリアの海岸に沿ってまだ栄えている多くのラテン都市を実見し、その都市の中に残る色々なキリスト教共同体を観察いたしました。そして、それに情熱を込めてつぎのように書き記したのであります。

実際に目撃しなかったのにそれを語る人はおうおうにして逆のことを言いますが、地中海からインドやエチオピアにかけての東方世界の人びとは、唯一サラセン人や、カッパドキアに住む若干のトルコ人以外は、すべてキリストの御名を告白し、その御名を公に表明致しておりますことは、注目すべきことでしょうし、また疑う余地の無い真実であります。わたくし自身実見したことやその事実を知る人から聞いたところによれば、多くのサラセン人やマホメット信奉者が住んでおりますエジプトとアラビアを除き、あらゆる場所、すべての国において、必ずサラセン人一人につきキリスト教徒三十人余も見つけ出しうると断言致します。しかしながら、これら海外のキリスト教徒は、武器をとるのに不慣れなオリエントの国々の人びとです。従いまして、サラセン人、タタール人やそのほかの連中に攻撃されますと、もろくもかれらに服従してしまい、貢租を支払って平和と安寧とを買い取る始末です。かれらキリスト教徒を支配したサラセン人やその他の連中は、それらの国々に、代官《ベイリフ》や徴税人を置いたのであります。それゆえに、これらの国は、サラセン人にちなんで名付けられることになりましたが、代官や徴税人やその従者以外ほとんどの人びとは、すべてキリスト教徒なのであります。タタール人の支配下にあるキリキアや小アルメニアで、わたくし自身も、この事実を実見致しました。国王と申しますのは、三週間、アルメニアとキリキアの国王と行動を共に致しました。国王の他に若干タタール人がおりましたが、この宮廷に所属している、かれら以外の人は、すべてキリスト教徒であり、その数はおよそ二〇〇人であります。わたくしは、かれらが教会に集まり、ミサを聞き、敬虔なお祈りの為にひざまずいているのを見ました。そのうえ、かれらがゆくところどこでも、わたくしにまで大変な敬意を表してくれ、帽子をとり、うやうやしくおじぎをして、挨拶し、立ち上がってくれました。

ローマ・カトリック教会が異端ときめつけた人たちから名前をとった、ネストリウス派、ヤコブ派、マロン派、グルジア人やその他の連中が、これら海外の国々に住んでいたのを聞いて、多くの人は今更にびっくりすることでしょう。これら各宗派の信奉者は異端者であり、その名前の由来となった誤謬に従っていると、今だに信じているようですが、これは絶対に正しくありません。神は、正しくないことを禁じ給うのであります。かれらは敬虔な祈禱をする素朴な人びとでありました。かれらの中に愚かなる人がいることも否定できません。これはローマ・カトリック教会内にも愚かなる人がいるのと変わりがありません。上記の国々や、挙げるのが煩わしいほどの国々で、わたくしたちと同じように、大司教、司教、修道院長、そのほか高位聖職者がいるのであります。ネストリウス派の間でのみ例外的にその長は、イアセリックと呼ばれているのであります。西方のどの教会よりも、東方の方が、長の裁判権ははるかに大きいことを、わたくしは知った次第であります(34)。

ここに、アジアという大世界に関する愉快な描写があります。つまり、キリスト教徒の数は多く、うぶな人で、ほとんどがカトリックであるのに対し、イスラム教は、弱く、範囲は広いが人口が稀薄で、もうすでにかれらの使命は果されてしまい、あとは深い落胆と共に、予定されている終末を待つのみということであります。モンゴル人に関しましては、五十年にもわたり、かれらは西欧世界を、時々思い出したように発作的に、恐怖に落とし入れるかと思えば、つぎは希望を持たせてみたりしたのであります。しかし、いよいよかれらの地位が、はっきりしてまいりました。つまり、かれらは、遠方のキリスト教徒が生存しうる支柱であると同時に、イスラム教を最終的に抹殺するための道具となるのであります。西ヨーロッパのいろいろな国の人びと――イギリス人ベーコン、フランドル人ルブルックのウィリアム、シリア人トリポリのウィリアム、ドイツ人シオン山のブルハルトなど――の証言が奇しくも全部この結論においては一致していたのを見るのであります。およそ三十年、つまり一二六〇―九〇年までの短い期間ですが、これは中世におけるもっとも希望に満ちた時期でありました。この時期においては、また以上の世界像が、合理的な人を十分に納得させたのであります。その頂点をなすのが、一二八五年から九〇年にかけての一連のモンゴル使節の到来であり、かれらは、イスラム教を共同で攻撃するための準備を目的とした特別な使命をおびていました。これら使節は、ネストリウス派のキリスト教徒に導かれ、一二八七年には、教皇臨席の下で、モンゴルの首席使節が、聖ペテロ教会のミサに出席するという予期せぬ光景が出現したのであります[35]。この光景により、永遠に終わることのない、普遍的な平和と統一の見通しが開かれたのであります。イスラム教は、破壊されるか、少し悪くても、哲学により改宗されるし、モンゴル帝国はキリスト教国家であり、中国国境にまで拡大したのであります。また、キリスト教世界自体は、イスラーム哲学者を介して、ギリシアから伝えられた哲学上の伝統で武装し、豊かになり、キリスト教の真理を完成するのに必要な唯ひとつのことを提示したのであります。以上のことは、何とも立派な展望でありました。その一部だけでも実現されたならば、世界史は根本的に変革されていたことでしょう。

では、何故にそれが実現しなかったのか。そして実現しえなかった結果から、中世後期のヨーロッパの知的風土は、どのような影響を受けたのでしょうか。これは次章の課題となるのであります。

第3講　洞察の時

I

これまでの二回の講義で、十三世紀終りまでの西欧で発展してまいりました、主要なイスラーム観を検討してまいりました。最初は聖書を基にした絶望的なもの、第二は空想を基にしたでたらめなもの、第三は哲学を基にした短期間だが世界の統合が間近に迫り、キリスト教世界とイスラーム世界との顕著な相違がとり除かれるという極端に楽観的なもの、がそれらであります。

本講におきまして、これらの希望が結局は幻想にすぎなかったことがはっきりしたとき、起こってくる事態に検討を加えたいと思うのであります。ここで取り扱う時期は長く、また混沌としたものであります。本講の主題は、国籍も異なった四人の間を往復した、文学的書簡からなっております。この書簡はすべて一四五〇年から六〇年の十年間に書かれたものであり、これを説明することから始めれば、わたくしの述べたいことが、大分簡単になるようであります。しかし、この論争を正しく位置づけするために、しばらくの間、一二九〇年頃からこの書簡のやりとりが行われるようになる時期までに、事態がどのように推移していったのか、それをすこし説明しておかなければならないと思います。そして最後に一四六〇年以降の状況についてもすこしお話ししてみようと考えています。一二九〇年までの三十年間にわたってみられた極端に希望にみちた雰囲気の反動でしょうか、早速一二九〇年直後より急激なゆり返しの徴候がみえました。この転換点を、便宜上一二九一年五月のアッコンの陥落の時点とでもおいておきましょう。この陥落の悲報がイタリアに着いたとき、ライムンドゥス・ルルス〔一二三二頃―一三一五頃、西神学者〕は、それまでの数十年間が持っていた希望に満ちた時代を正確に総括し、この希望に満ちた時代の終焉を予知した予言的な言葉を記したのであります。つまり「教会分裂者め（ネストリウス派の人びと）が檻に閉じ込められ、タタール人が改宗すれば、全サラセン人をつぶすことなど、朝飯前のことです」。この言葉には、ヨーロッパが享受するようになった希望が表明されているが、この冷厳なマジョルカ人が、もうこうなったら改宗ではすまず、つぶしてしまうしかないと断定していることは注目しなければなりません。しかし、つぎの様にいい続けます。「タタール人がマホメットの法を受け入れはしまいかと、その恐れで一杯です。なぜなれば、かれらが自分の意志で改宗するか、サラセン人にそそのかされて改宗するかには関係なく、それは全キリスト教世界にとりまして大変危険なことになるからであります(1)」。

じつをいいますと、この危険が実現するまでに、あと一歩というところまできていたのであります。イスラーム世界を旅した、中世紀最後の、真に重要な旅行家、しかも事情通でもあるフィレンツェ人モンテクローチェのリコルド〔一二四三頃―一三二〇、ドミニコ会説教師〕は、十三世紀の末年に、ルルスが予言した方向に潮が流れはじめたことを、雄弁に書き記したのであります。[2] リコルドは、一二九一年バグダードに滞在しておりました。そこでアッコン陥落の知らせに接しました。つまり、ひとつの判断を下すのに、じつに都合のよい場所にいたことになります。かれの実見談で、まずはじめに印象深く感じられるものは、モンゴル人をまるっきり信用していないことでありました。ひと世代前の人びとが望み、かたく信じておりましたようには、モンゴル人はキリスト教の方には靡かず、リコルドが指摘するように、ただ行いやすく、信じやすいということを知ったという理由からのみ、イスラム教の方に靡きはじめたことを、はっきり見ぬいたのであります。[3] トルキスタンのクルド族たちは、改宗したばかりのキリスト教を正式にすててまで、イスラム教に変わりました。それもイスラム教の方が道徳的に大変にゆるやかだとの理由からであります。[4] ネストリウス派の人びと、つまり分散はしているが大集団を形成している東方のキリスト教徒について申しますと、この世紀の中葉頃までは、まだ相当希望をつないでいたのですが、リコルドは、ネストリウス派の人びとを、かれ以前の旅行者が伝えることを通して、わたしたちが知っている、基本的には正統派信仰を持った素朴な人、ではないことを明言し、結局は、キリスト教の基本的な問題、つまり受肉《インカネーション》の教義に関して、実質的には、イスラム教徒と変わらない人びとであると報じております。(5) イスラム教徒に関しましては、リコルドは、かれらの持つ社会道徳や、とくに立居振舞がかもす荘厳さには高い評価を与えておりますものの、イスラームの哲学者になりますと完全無視、かれらの教義を、しまりがなく、混乱し、虚偽に満ち、非合理で、荒っぽく、不明瞭なこと夥しい等々、口ぎたなく罵っております。(6) イスラム教が、いわゆるキリスト教に近いなどということは、かれの報告には爪の垢ほども述べられておりません。また同様に、イスラム教の終焉がさし迫っているということもぜんぜん述べられておらないのであります。イスラム教の教義などいとも簡単に論破できるというかれの信念にもかかわらず、両信仰の大系がすぐに、たやすく融合するというような幻想などさらさら持ちませんでした。

この学識あるフィレンツェ人にみられる失望の様子は、つぎの百年余りの、イスラーム地域を旅した全旅行者にみられるものであります。しかもあとになればなるほど憎しみが増え、学ぼうという態度が少なくなってまいります。たとえば、アイルランド出身のフランチェスコ会修道士シモン・セメオニス〔詳細な『旅行記』を残す。商業史の史料としても貴重〕は、一三二三年パレスチナに旅し、鋭い観察をいたしました。かれは、いつも、コーラン一巻を持ち、しばしばそれを引用しています。しかし、マホメットやイスラム教徒を語るときは、かならず――豚、畜生、悪魔ベリアルの餓鬼どもとか獣姦野郎等々――口ぎたなく罵る形容詞を冠しております。(7) 十年後、イタリア人ヴェロナのヤコポも、ほぼ同じ辺りを旅し、その旅行の長い見聞録を書き残しました。(8) かれは、旅の途中で出合った、イスラム教徒の共同体やキリスト教徒の共同体について、多くの面白い観察を残しております。十三世紀以来、かれの書物を手にした読者は、かれの観察の背後には、まとまった思想が無いという印象を恐らく受けるのではないかと思われます。つまりかれの観察は、まったく経験的であるということであります。ただ一点例外的に、かれ以前の著作家から受けついだ偏見として、マホメットの法は、キリスト教の大規模なパロディにすぎないというところもありますが。(9) 従いまして、イスラム教の基本的な教義をキリスト教の中に統合してしまおうという望みなど、ぜんぜんかれは持ち合わせておりませんでしたし、また、討論をするための共通の知的土俵を見つけ出しうるという見通しも、きれいさっぱり忘れてしまいました。ヴェロナのヤコポは、ごく最近まで栄えていたキリスト教徒の都市アッコン、ティルス、シドンやトリポリの廃墟の跡を訪ね、かつて人が多く住んでいた宮殿や市場には、二、三人の粗野な遊牧民以外まったく人が住んでいないのを見つけ、かれは暗い気持ちになるのであります。(10) 軍事的再征服の見通しも、知的な親善交流の見通しも遠のいてしまいました。しかし、希望が無いように見えますが、強いていえば軍事行動のみが、唯一の可能な方策のように見えました。かれのいうところによれば、たとえ聖地を再征服し、聖地を、キリスト教信仰に回復せずとも、せめて聖地を訪問するよう西欧のキリスト教徒の関心をかきたてたいと念じ、これを書いたのであります。かれは神に呼びかけ、再征服の時期の早からんことを祈ったのであります[11]。しかし、たまたまそのことが起こったとしましても、それを行うのは神でなければなりませんでした（かれにはそう映ったようです）。と申しますのは、東方では、新しい十字軍が行われるのではないかという恐怖が広まっていたのをかれは見てとっていましたが、西欧では誰も真面目にそのことに耳を貸すものはいなかったのですから。

イスラム教への態度を変えてしまうような強烈な原因が、外部から加わりました。しかし、あたかもその原因だけでは十分ではないかのごとく、すぐに、内からの同じく重要な原因も加わったのであります。しばしば歴史に見られる皮肉のひとつですが、世界の方向を左右する評議において、この大きな知性による運動がもはやいかなる効用をも持たなくなった時に、その運動は、公の承認を受け、制度的な裏付けを保障されることに成功するのであります。これと同じことがこの場合も起こりました。ベーコンやほかの二、三人の托鉢修道士が、一二五〇年頃以来騒ぎたてて、僅かだが成功した、あの現代語学校設立の件が、突然一三一二年、ヴィエンヌ公会議で、西欧ラテン・キリスト教会の公認の政策に付け加えられました。パリ、オックスフォード、ボローニャ、アヴィニョンやサラマンカの大学で、アラビア語、ギリシア語、ヘブライ語やシリア語の学校が設置されることになりました。(12) この動きは、死滅寸前の理想への最後の餞《はなむけ》でありました。しかし、この夢の実現には手を貸す人もなく、金を出すこともなく、誰の注意をひくこともなく、消えていってしまったのであります。

色々な面におきまして、ヴィエンヌ公会議以後の歳月は、ヨーロッパ史の中の不吉な時期でありました。中世に入ってはじめて、伝統と革新との間の、真の分裂を、わたくしたちは目の当りにするのです。次々と矢つぎ早に出された、パドヴァのマルシリウス〔一二七五頃―一三四二頃、伊学者、『平和の保護者』〕や、オッカムのウィリアム〔一二八五頃―一三四七頃、英哲学者〕、エックハルト〔一二六〇頃―一三二七頃、独神秘家〕、フランチェスコ厳格派やダンテの『帝政論』などへの有罪判決は、西欧思想の統一が崩壊しはじめる徴候であったのです。――留保条件をつけたいとは思いますが――この統一は、前世紀の特徴でありました。この分裂に次ぐ混乱のため、神の秩序たる普遍史にイスラム教を位置づけようとする余力はもう残されておりませんでした。またイスラム教から学びとろうという気持ちも、ますます衰えてゆきました。十三世紀の中葉を特徴づけていたイスラーム哲学を、好意をもって受け入れようとする態度も、漸次疑惑と外国人恐怖症に取って替わられたのであります。多くの人びとにとりまして、アヴェロエスの名前は、不信心と同意語になりました。聖トマス〔トマス・アクィナス〕の後継者たちも、アヴェロエスから聖トマスが学んだという点ではなく、アヴェロエスをはずかしめたという点を、聖トマスの名誉とみなしておりました(13)。これは真理の一面を穿ち、この時代の雰囲気を正確に反映していたのであります。

以下の事実も新しい時代の特徴であったのです。つまり、ヨーロッパ以外には同盟国があるとは信じなくなったこと、ヨーロッパの内部に深い亀裂が生じたこと、そして外部の敵、とくに強敵イスラームに対する無関心が蔓延したことなどが、新時代の特徴でありました。この最後に掲げた特徴は、どうにも説明がつかないように思われます。と申しますのは、イスラーム世界は、十四世紀初頭、目ざましい発展を遂げていたのでありますから。しかし、この発展も、ヨーロッパに直接係るような方向ではなく、深くアジアやインドに喰い入ってゆく方向でありました。モンゴル人やネストリウス派がキリスト教徒の味方になりうる存在であるという信仰が一たび崩れ去るや、ネストリウス派が消えてゆくことも、またルブルックのウィリアムが共に旅したモンゴル人がイスラム教に改宗してしまったことも、ヨーロッパ人の関心をあまり惹く問題では無くなったようであります。西欧は決して安全であった訳ではありませんが、無関心でいられるゆとりができたのであります。

ここに無関心と空想とが再び顔を出し、勢いをぶり返してきました。西欧に流布していた、マホメットの諸伝記は、新しく生命力を獲得し、新たな展開をはじめました。マホメットは、かつては魔術師であったのですが、今では、枢機卿にまでなりました。そして、かれが教皇に選ばれなかった腹癒せに、キリスト教に対する公然たる敵となったのであります。[14]ヨーロッパ外の世界に関しましても、知識を集めることをやめ、虚構をでっちあげるという、より楽な仕事に身を委ねたのです。たとえば、ジョン・マンデヴィル卿〔?—一三七二、英国人、最古の写本はパリ方言のもの〕の名に帰せられております旅行記など、十四世紀の読者に、虚構としてのアジアやインド像を与えました。[15]

空想は見破りやすいのですが、無関心は、はるかに検出することがむずかしいのであります。ここでその一例を挙げておきましょう。西欧では、フリードリヒ二世〔一一九四—一二五〇、神聖ローマ皇帝、教皇と対立〕がはじめて言ったといわれていますが、この世は三人の偉大なペテン師モーゼ、キリストとマホメットを持った、という気のきいた言葉というよりは、むしろ悪意ある言葉といった方がよいでしょうか、その言葉が変わっていく経過の中に、その例が見出されるのであります。[16]伝統的に無関心と皮肉の本家、シチリア王国でこの言葉が語られたのですから、何もわたくしたちはこの言葉には驚きません。しかし一三四〇年リスボンで、この言葉が報告されておりますし、一三八〇年代には、アラゴンでも見出されます。[17] これはただ一般の傾向を示すほんの一例にしか過ぎませんが、この事実は意味があるといえましょう。

遥かに真剣な話におきましても同じことがいえます。たとえば、永遠の至福という贈り物を授ける権利はキリスト教のみが独占している、ということへの疑問が、大学において見出されるようになりました。この疑問が、激しい言葉を使う奇矯な思想の持ち主として有名な書き手により提起されるのであれば、さしてその疑問には考慮しなくてもよいようにも思われます。しかし最近、ノウルズ教授〔一八九六―一九七四、英中世史家、ケンブリッジ大学教授〕は、一三六〇年代オックスフォード大学で研究したベネディクト会修道士ボールドンのウスレッド〔一三一五頃―九七、英神学者〕が抱いていた見解に注目したのであります。この見解とは、キリスト教徒であれ、イスラム教徒であれ、そのほかどのような信仰のものであれ、すべての人間は亡くなった時、神に一目お目にかかれ、その際、神は各々の対応の仕方を見給い、未来永劫の審判を下すというのであります。[18] 修道会の中でももっとも保守的な団体に属し、神学博士としてその思考方法も、正統そのもので、勤勉で、別に独創的な考えを持った訳でもない学者が、従来の伝統的なキリスト教的思想の中では、もっぱらキリスト教信者にのみ許されていた特権を、キリスト教世界以外の異教徒にも認める見解を提唱したのであります。この見解は、有罪ときめつけられ、撤回させられましたが、しかし、それなりに意味がありました。異教徒の永遠の運命がどうなるか、その関心が増したことは、この時代の特徴の中でもとくに注目すべきもののひとつであります。この関心は、かれら異教徒を改宗させようという意欲ではなく、もしできうるならば、かれら異教徒を救済の体系の中に入れ込むにはどうすればよいか、この手段をさがし出そうということを意味しているのです。——中世初期におきましては、教会以外の人びとには地獄の業火が待っているという思想には、強いてあると仮定しましても、ごく僅かの疑いしか無かったのです。つまり、悪なる山羊と善なる羊を峻別することは、宗教生活のイロハであり、救済の範囲を拡大しようとするなどといういかなる試みにも反対でありました。これとは逆の方向はあらゆる人の本能に訴えます。しかし、これはまた、良かれ悪しかれ、西欧世界の統一をゆるめるものですし、また西欧と近隣諸国との間にある相違感をあいまいにしますし、明確な境界線をぼやけさせるのであります。

ジョン・ウィクリフ

イスラム教についての西欧思想に関する限り、十四世紀の得失は、ジョン・ウィクリフの見解を考察することにより、測り得るように思われます。ロジャー・ベーコンと同じように、また多くはかれと同じ理由により、ウィクリフも、極端に過大評価されると同時に、理由もなしに過小評価されてまいりました。その当時におきましては、後者の過小評価の傾向がもっとも強かったようにみえます。もちろん、ここでかれの復権を目ざそうなどとは思いません。しかし、かれは、最近まで受けてきた評価よりは、はるかに尊敬すべき存在であるに違いないとは思っております。たとえわずかでも、かれの著作を読みますと、今までに明らかにされてきました、同時代のどの学者よりも、かれの方がはるかに興味深い学者であることをだれでもかならず認めるに違いありません。そしてかれの見解のうち、若干のものに常軌を逸したもの、乱暴なものも見受けられますので、ついかれは、大多数の人びとの一般通念を他の人よりもただ大胆に、しかも鋭く表明していたにすぎないにもかかわらず、その点が曖昧にされがちですが、これは戒めておかねばならないことです。かれの学識、知識の範囲、それにかれの見解のほとんどは、かれと同時代のそれと同じでありますす。極端な危険思想にはしり、もはやかれの考えに同調することができなくなるまでの数年間、とくに革命的であるとはいえない団体であるオックスフォード大学の大多数の人びとが、おそらくは、かれの述べた意思に従い、かれの開いた道を、かれと共に進んでいったのであります。

かれの晩年のほとんどの著作、とくに一三七八年頃から一三八四年までの著作におきまして、かれは、イスラム教につき、すこし言及しております。[19] 同時代人と同様、かれのイスラム教に関する知識は、百年前の著作家の知識量にくらべ、はるかに見劣りがいたします。とくに実際上の知識に弱いのが目立ちます。十三世紀の偉大な旅行家が著した、イスラームの著作家の説明など、知っていたという確証はございません。同様、かれの著作には、イスラームの哲学者などが、強く顔を出す訳でもありません。ウィクリフは、アヴェロエスは一時マホメットの信奉者であったとは考えていたようですが、イスラム教徒であったなどとは、つゆ知らなかったようです。[20] かれのイスラム教に関する知識は大半――ボーヴェのウィンケンティウス〔一一九〇頃―一二六四、仏ドミニコ会修道士、『百科全書 *Speculum Maius*』、ラヌルフ・ヒグデン〔一二八〇頃―一三六四、英歴史家、『世界史 *Polychronicon*』や「最近わたくしが見たもうひとつの古い年代記」[21] とかれが名付けているもの――などの百科全書類にその起源が求められるものばかりです。しかし、かれがコーランを読んでいたことは注目すべきことであります。ここに、かれの基本的文献に精通しておりたいという気持ちがよくあらわされております。

ウィクリフは、かれと同時代人の著作を使用し、そのひとたちの考え方を多く紹介し、そのひとたちと同じ限界を持っておりましたけれども、ウィクリフの中には、はっきりとした独創的なヴィジョンがありました。このヴィジョンがあるお陰で、かれは、ほかの人と同じようには考えることができなかったのであります。わたくしがこれまで述べてまいりましたイスラーム論は、聖書から霊感を得たものであれ、哲学から得たものであれ、単なる空想の産物であれ、またイスラム教の存在を、この世の終末が間近に迫っている前兆とおさえるのか、それともキリスト教世界にギリシア哲学を伝える橋渡しとおさえるのか、真実のものであるローマ・カトリック教会からの堕落と片附けてしまうかは別といたしましても、これらイスラーム論は、すべて、キリスト教世界とイスラム教世界とはまったく別々のものであるという一点では、すべて一致しておりました。ウィクリフが、これら先人とまったく異なっていますのは、この点においてであったのです。かれは、先人とは見解を異にしていると申しましたが、さきほど引用いたしましたボールドンのウスレッドの命題が存在しておりましたお陰で、ウィクリフは、それほど革命的でない同時代人が暗示した線に沿って、自説を発展させていたことが分かります。しかしながら、ウィクリフは、ウスレッドよりははるかに前進させたのであります。ウィクリフにとりましては、イスラーム世界がかかえている矛盾の主なものは、同時にかれと同時代の西欧ラテン・キリスト教世界がかかえている主要矛盾でもありました。このように申し上げましても、これでかれはイスラム教に対し好意的であった訳ではもちろんありません。その実は、その逆なのであります。ウィクリフがみるところによりますれば、イスラム教世界と西欧ラテン・キリスト教世界に共通する主要な矛盾は、自惚れ、強欲、権力欲、所有欲、暴力の福音であり、神の御言葉よりも人間の考え出したことの方をありがたがるということでありました。西欧世界におきますこれら矛盾は、キリスト教世界内部の分裂を生み出した主要な原因となりますとともに、西欧とその近隣諸国とを分裂させる原因ともなりました――たとえば、ローマとアヴィニョン、ラテン・キリスト教圏とギリシア正教圏、西欧キリスト教世界とネストリウス派そのほかアジアやインドのキリスト教集団、そして最後にイスラム教世界とキリスト教世界との分裂をもたらしたのです。[22] 西欧ラテン・キリスト教世界全体に言及して、かれは、「わたくしたち西欧のマホメットたちは」といい、「今のところローマ・カトリック教会全体の中では、ごく少数でありますが、いずれ、全世界はわれわれの裁きにより支配され、われわれの命令によりおそれおののくであろうと考えているのです[23]」と続けます。このような前提から、好ましいことが出てくる訳がありません。かれはこう感じておりました。

ローマ・カトリック教会におけるこのような諸悪が、ある神秘な道を介して、イスラム教の興隆の原因となりました。つまり、イスラム教のはじまりは、ローマ・カトリック教会の自惚れが高じ、貪欲が横行し、教会の所有しているものが増加するのと同時でありました。[24] ローマ・カトリック教会内における俗っぽさが、イスラム教という俗っぽい宗教を生み出したのですから、ローマ・カトリック教会内で、方向が逆転し、俗っぽさがなくなるとともに、イスラム教も消えていってしまうはずなのであります。これ以外の方法では、どうにもなりませんでした。「わたくしは、敢えてつぎのようにいいたいのです」と、ウィクリフは、一三七八年、受胎告知の勤行を論じながら書いております。「つまり聖職者が、イエス・キリストの清貧にまで立ち帰り、その本来の状態に復帰しない限り、この反宗教たるイスラム教は成長し続けるでしょう。と申しますのは、アリストテレスがその著『気象論』第四巻で論じておりますように、相対立するものが溶解し、なくなってしまうのは、正反対のものがあらわれたときであります。主の丘は、迫害と忍苦により創り上げられるのです(25)。」

ラテン・キリスト教世界だけではなく、イスラーム世界にみられるように世俗権力が強く、俗人が支配し、片意地で、受難と清貧とはおよそ正反対という共通項がみられるという普遍的なイスラーム観を持つや否や、両者に共通な現象を見つけ出しうる多くの方途をウィクリフは見出すことになりました。マホメットは、新旧約聖書から自分の目的にあったものだけを選び、他をのけたのですが、これがマホメットの法の目立った特徴でありました。しかし、じつを申しますとこれは、ローマ・カトリック教会内で財産を持っている連中がしたのと、まったく同じことなのです(26)。またマホメットは、さきほどの法に自分の創意工夫を加えましたが、西欧の修道会も同じことをしたのであります(27)。あげくのはてには、――これこそマホメットの成功の秘密でありますが――マホメットは、理性は、かれに反抗しかしないことをよく知っておりましたので、かれの法をとやかくいうことを厳禁いたしました。(28)この厳禁は、一片の疑いもなく、受け入れるべきことでした。しかし、これとても、ローマ教皇権に関する教会法の原則と、すこしも変わるところがないではありませんか。後に聖体の秘跡を論じますときも、ウィクリフの敵は、「君たちは、安心して信ずることができますが、安心して研究することができません」(29)と主張しながら、マホメットの信奉者とともに、無知という領域に逃げ込んでしまいました。

しかし、現世における本当の主要な闘争は、キリスト教的福音主義と、イスラム教の霊との間で戦わされたのです。ここでかれのいうイスラームの霊とは、外の世界では、イスラム教徒の中に、西欧におきましては、キリスト教の高位聖職者に見出されたものであります。この立場に立てば、イスラム教を普遍の中に位置づけるべき、若干のきわめて重要な結論が導き出されうるのであります。それはかれ以前の著作家たちが異口同音に述べていますように、キリスト教の異端のひとつでありました。しかしもとより、それは教義上だけであるのみならず、道徳上、実践上においてもいえることであります。このような基準に立ちますと、西欧ラテン・キリスト教会の方が、イスラム教よりも、はるかに咎められるべき存在ということになります。(30)そのうえ、イスラム教はキリスト教世界の病を治すことによってのみ、治されるのですから、対イスラーム戦争など無用であるだけではなく――これは自明のことでありました。と申しますのは、戦争をしたいという衝動は、この病の根底に横たわる衝動でありましたので[31]――イスラム教に対する説教活動や、議論をふっかけることさえ二のつぎ三のつぎであり、何にもましてラテン・キリスト教会の内部からの教会改革の方がはるかに緊急のことであったのであります。そのうえ、キリスト教とイスラム教との間に置かれた、厳密な差がとっぱらわれてしまったために、救済も、ただキリスト教徒にのみの特権ではなくなってしまうのであります。この点では、ウィクリフは、ボールドンのウスレッドの、あの有罪判決を下された教理を繰り返しのべるだけでなく、さらに発展させたのであります。

キリスト教会内における人が永遠の罪を受けますのと同じように、キリスト教会外のひとも救済を得ることができます。もしそのように考えれば、わたくしたちは、ユダヤ人を不信心もの、サラセン人を異端の徒、ギリシア人を教会分裂者等々と非難することができなくなるのではないかと心配され、それに反対される方がおありかも知れませんが、それにつきましては、つぎのようにお答えしておきましょう。「ひとは、われとわが身で、救済の道に障害物をおかない限り、どの宗派からでも、たとえサラセン人の間からも、救い出されうるのであります。イスラム教やその他の宗派の人でも、死の瞬間に、主イエス・キリストを信じた人は、忠実なキリスト教徒と判定されうるのでありま す。(32)」

わたくしたちは、普通、ウィクリフを、中世キリスト教会内の大きな破壊分子のひとりと見なしてきておりますし、これは、あとの歴史の動きからみまして、正しい指摘であります。しかし、イスラム教に関するかれの見解を見ますと、ウィクリフの見解は、一世紀間の総決算ということになるのであります。この世紀の西欧で、責任ある地位にある人びとが、以前では決して思いも及ばなかった社会批判をするようになりましたし、また西欧世界と外の世界との区別が以前望まれたほどには明瞭でないし、信じられたほど分明でないことも、明らかにされてまいりました。おそらく少しはあったと思うのですが、イスラム教に関する、ウィクリフの主要な結論は、広範な影響力を持ちませんでした。と申しますのは、かれの思想体系は、理路整然としておりますが、厳しく弾圧されてしまったからであります。しかし、かれの結論をひき出した道徳的ならびに知的な雰囲気は、おそらく連続して、あとまで残っていったようであります。その雰囲気に反駁する場合もあれば、それにぴったり沿っていった場合もありますが、それと同じ雰囲気は、イスラム教に関する中世思想のその後の運命に影響を与えたのであります。これの例として、まったくつまらないものですが、ひとつだけ挙げておきましょう。あのゴシップ好きの老人、トマス・ガスコイン〔一四〇三―五八、英神学者〕がその例です。かれは、ウィクリフとかれの全著作をぼろくそに罵った十五世紀中葉の、オックスフォード人ですが、そのかれが備忘録の中で、つぎのように書いているのを見出します。「わたくしは、異教徒やサラセン人が、イエス・キリストの信仰へ改宗したがらない理由は三つあると、信用できる人が語っているのを聞いたのであります。その第一の理由は、キリスト教徒の、色々なセクト間で、色々な問題につき意見の相違があり、その間に矛盾があること、その第二は、キリスト教徒が悪徳に充ちた生活を送っていること、その第三は、キリスト教徒が、誤った信仰を持っていること、とくにヴェネツィア人やジェノヴァ人の信仰にそれがみられることであります(33)。」

内部からキリスト教徒自身を見つめ直し、布教に成功しない理由や、イスラム教が真理より逸脱してしまった理由を、キリスト教徒自身の欠陥に由来すると指摘している、以上の説明こそ、新時代の特徴でありました。

II

しかしながら、十五世紀を通じて明らかになったことは、イスラム教に関して何かしなければならないのではないかという一事であります。ウィクリフが著述に専念している間は、イスラム教は、実際に身に迫ってくる危機としてではなく、道徳上の危機として処理することがまだ可能でありました。もう少し厳密に申し上げますと、それが可能な最後の瞬間でありました。ウィクリフは、あたかもキリスト教の高位聖職者とイスラム教徒との間にはなんら選ぶところがないかのごとく、書きたいように書くことができました。と申しますのは、かれらの悪業がなんであれ、キリスト教の高位聖職者でも、イスラム教徒でも、かれらは剣でイギリスに脅威を与えることがないという気楽さからです。イスラム教の成長は事実でありました。しかし、それはまだ遠い将来のことでありました。ところが、その事実も、今、不意に目の前に迫ってきたのであります。ウィクリフの死後五年目に、セルビア人は、トルコ人の攻撃の前に敢え無くついえ去りました。また、十四世紀末までに、ボスニアとアルバニアを除き、トルコ人がバルカン半島の主人となりました。そこで、これはしばしば起こることですが、トルコの危機は一時停止いたしました。この一時期、ヨーロッパは、わずかではありますが見せかけの希望に胡座をかくことができたのです。しかし、結局は、圧倒的な攻撃の下に、コンスタンティノープルは陥落したのであります。トルコ人はアドリア海岸にまで勢力を伸ばし、ハンガリーは破滅の恐怖におびやかされたのであります。一四六〇年までに、西ヨーロッパ、つまりラテン・キリスト教圏の前進基地にまで、トルコ人は到達し、その基地を破壊し去ったのであります。

いずれ起こるのではないかと予想されていながら、なかなか起こらなかったことが、前述のごとく、ついに現実のものとなりました。これに対する反動は、恐怖と希望とが入り交じったものでありました。希望など持つべき理由はほとんど見当りませんでしたが。少なくともコンスタンティノープルの陥落という事実は、長い間政治家がその努力を怠ってきた積年の、あのこじれきったギリシア問題が解決されたことを示しているのです。内輪の敵が撲滅されたという意味で好ましい結果が生まれるのではないか、つまり西欧とイスラームとが直接対決することになりますので、古い十字軍精神が復活するのではないかという希望が生まれました。――これは事実の推移が示しますように、じつは幻想にすぎませんでしたが――このうちどれを選ぶかは、十五世紀中頃の政治家に任された可能性の問題でありました。かれらは、事実十字軍を計画しましたが、十字軍などもう必要は無い事態の到来を密かに願ってもおりましたし、おそらく心の奥底では、十字軍は不可能であることをよく知ってもおりました。これからお話ししようと思います四人の政治家が直面したのは、このような状況であったわけです。

かれら四人は、おおよそ同世代の人びとです。またすべて司教です。その内三人は、枢機卿ないしは近々枢機卿になる人であり、残りのひとりはフランチェスコ会の修道士、ひとりは教皇にまでなりました。(34)十五世紀の中頃までに、かれら四人は、全部この種のトラブルに、全面的に関与するようになりました。これら四人の間にみられる、もっとも顕著な差異は、国籍であります。セゴビアのホアンはスペイン人、ニコラウス・クザーヌスはドイツ人、ジャン・ジェルマンはフランス人、それにアエネアス・シルウィウスはイタリア人。しかし、かれら四人は共通したものをひとつ持っておりました。それは、かれらすべて、バーゼル公会議〔一四三一—四九、異端問題を討議した公会議〕という試練の経験をくぐりぬけて来たことであります。この公会議は、その出席者——有能であり、学究的であるが、決定的な行動は苦手という人びと——に、こともあろうに態度を明確にするように強い、この過程におきまして、とにもかくにもすべての人を傷つけたのであります。このうち二人は、立場を変えるという不愉快な経験をする苦しみを味わい、他のひとりは、立場を変えないという、はるかに不愉快な経験に苦しみました。ただフランス国籍の人だけがいかなる疑惑にも煩わされませんでした。この経験は、かれらの人生を作りあげていくうえにおいてとくに意味を持っていたのです。かれらはすべて（そのフランス人は除いて）、公会議中心主義の見解の強力な支持者であり、後にこの見解を放棄した二人でさえ、この見解への親近感まではなくさなかったのであります。かれらは、和解の方法を身につけました。ヨーロッパ内部におきまして、どの方法でもとうてい不可能と思われた和解が、この公会議により達成されたのであります。この公会議は、一人の教皇による教会統一への道を用意いたしましたし、またフス派の運動を終わらせましたし、一時的ですが、ギリシア正教とラテン・カトリック教との統一をもたらしました。これら諸成果は、長々と続く、退屈な交渉の結果でありました。ただイスラーム問題だけが未解決のまま残され、それは、ヨーロッパの心と身の平和への、主要な、肉体的・知的な挑戦であり続けました。この過去数十年間の経験が、この積年の問題の解決にどのような形で応用されうるのでありましょうか。これが一四五〇年から一四六〇年の十年間、この四人の政治家の心を捉えた最重要の問題でありました。そしてこれらの答えは、以下で検討するところであります。

セゴビアのホアン

セゴビアのホアンから始めましょう。かれは、サラマンカ大学教授より出発し、そこから、一四三三年バーゼル公会議に出席しました。(35) かれは、公会議の権威の強力な支持者であり、公会議の歴史――印刷された版で、二つ折り判二五〇〇ページにもなる膨大な書物でありますー―を書いているほどであります。(36)そして知らぬまにかれは反教皇の同調者という悪い立場に立つ破目になっていたのであります。最晩年は、サヴォイにある小修道院に引退し、用の無い人、俗にいう挫折者としてすごしました。ここでかれは、イスラーム問題の研究に没頭いたしました。一四五八年に亡くなりますが、死までの五年間に、かれは二つのことをなしとげました。つまり、コーランの新しい訳を作ったことと、イスラーム問題全部を解決するための自分の計画を、高位に就いている友人に分からせようとしたことであります。これら両計画につき、少し考察してみましょう。なんといわれましょうとも、コーランの翻訳は重要ですし、かれのいっそう大きな計画の基礎をなすものでありました。(37)

ここで、三つ質問を出してみましょう。かれは、なぜコーランの新訳が必要であると考えたのでしょうか。かれはいかなる障害に立ち向かったのでしょうか、そしてこれら障害は意味のあるものであったのでしょうか。そして最後に、かれは、この仕事が完成したとき、自分の仕事を役立てるのに、どのような提案をしたのでしょうか。

まず第一の問題に関しましては、まず、どのような翻訳であっても、それは多かれ少なかれ不十分なものであることが認められねばなりません。しかし、セゴビアのホアンが、ペトルス尊者のコーランの旧訳の本文に対してなした、かれ独特の批判は、旧訳にはラテン・キリスト教圏固有の考え方が入りこんでおり、イスラム教にではなく、キリスト教世界に特有の言葉や概念が使用されているということでありました。翻訳がこの種の汚染なくして可能であるとかれが考えていたとすれば、かれの認識はまったく甘すぎるとしかいいようがありません。言葉の順序や節の順番を守り、コーランのスタイルを基に自分のスタイルをつくり上げれば、これで旧訳の弱点と思われていたことを避けることができると考えていたのであります。この点では、かれも恐らくは失敗してしまったようです。つまり、かれの訳も相当汚染されていたのでありますから。しかし、かれは、少なくとも、以前の論争者には見られないのですが、たとえわずかでありましても、敵の宗教思想を誤って伝えないようにと、真面目に努めたのであります。もう少しあとで、それがなぜかれにとって重要であったかをお話しいたしましょう。

つぎに進む前に、ここでかれが直面した障害を少しお話ししておこうと思います。たとえかれの意図が尊敬をかちとることが無かったとしましても、かれが障害に直面し、それを克服していきましたことは、尊敬に値します。過去一世紀半の間に、イスラム教に関する真面目な関心が衰退していった例として、一四五三年のヨーロッパでアラビア語を知っている人を見つけ出すのに、かれが大変苦労することほどはっきりした例はありません。

この例は、われわれの前にその苦労を彷彿とさせます。スペイン人イスラム教徒は、今では、六百年前のスペイン人キリスト教徒と同じ立場になりました。イスラム教徒は、スペイン人征服者の言葉と文化を取り入れ、自分たちの言語や文化を放棄いたしました。コーランのアラビア語のテクストを獲得し、その翻訳の手助けをしてもらうべく、サヴォイに喜んで来てくれるサラマンカ出身の一人のイスラーム法学者を獲得するのに、なんとセゴビアのホアンは二年もかかりました。かれらは、数カ月一緒に一所懸命仕事に携わりました。そのあと、このイスラーム法学者は、新妻のいるスペインに帰るといいはる始末でした。主要部分は完成しておりましたが、セゴビアのホアンは、まだまだ手を入れたいと思っておりましたので、かれ自身の属しております修道会、フランチェスコ派の総長に、アラビア語のできる学者を捜してくれるよう嘆願いたしております。かれ自身でも、広く、遠く手をまわしましたが、かわりを得ることはまったくできませんでした。わたくしたちの知る限りでは、この仕事は最終的な校訂を受けませんでした。十三世紀のすべてのもくろみや一三一二年ヴィエンヌ公会議の決定にもかかわらず、一人のキリスト教徒のアラビア学者をヨーロッパで見出すことはできませんでした。

この精緻な仕事のお陰で、どのような目的が叶えられることになったのでしょうか。セゴビアのホアンの目的は、二、三の重要な点において、それ以前の論争者の目的とは異なっておりました。まず最初に、かれは議論をする場合、問題を根元にまでさかのぼることを望んでいたのであります。かれは、以前の著作家は、あまりにもつまらない問題に多くかかずらってきた、と考えていました。――たとえば、マホメットの倫理、自分が預言者であると称していることへの、論理的な反駁などがあげられます――しかし、真に重要な問題は、コーランは神の言葉であるのか否か、ということだけでありました。もし、テクストを少し検討しただけで、コーランに矛盾、混乱、誤謬や書いた人が複数である跡が見られることが証明されれば、これで――かれホアンはそう考えたのですが――神の言葉でも何でもないことが誰にでも納得ゆくはずであったのです。さて、もちろん、誤訳の多いテクストを引用しても、このことは証明され得ません。誤訳だらけの本文から引用し、コーランの中に矛盾がみられるといいましても、それでは何の証明にもなりません。そこで、どうしてもかれの場合には完全に正確なテクストが、何にもまして必要なことであった訳です。

正確なテクストを求め、それを批判するというこの企て自体に、わたくしは、ルネサンスの兆候を見出すのであります。この企ては、ロジャー・ベーコンの哲学論議の企てとは対照的といえましょう。ベーコンのあのきびきびした三段論法に代り、事実が擡頭してくるはずでありますし、また論理を弄ぶあの頭の体操にとって代り、批判的方法が有力になります。しかし、これを意図している人の目にとまらない限り、このホアンの仕事はすべてまったく意味がないのであります。セゴビアのホアンは、この仕事が実現されるべき方法についても新しい考えを持っておりました。かれは、大きな影響力を持つ友人に手紙を書き、その計画実現のための支持を得るよう努めたのです。今ここで、わたくしたちは、かれがまとめた計画やかれがひき出した返書を検討しなければならないのであります。

その友宛の書簡の中で、とびぬけて長いのが、旧友ニコラウス・クザーヌス宛のものであります。かれに、ホアンは、自分の考えをとうとうと流れるごとく説いたのであります——このように、あまりに長すぎるものですから、まだだれも、この書簡を印刷に付する勇気を持たないほどであります[38]。かれの出発点になりました基本命題は、同じフランチェスコ会のベーコンと同じでありました。この事実から多くの面で、かれをベーコンの後継者と見なして良いのではないかと思います。この基本命題とは、戦争によって、キリスト教世界とイスラム教世界間にある問題が解決されることは決してないということでありました。ベーコンは、被征服民に戦争が与える悪い結果を指摘するだけではなく、成功がおぼつかないことも指摘しております。セゴビアのホアンは、それについては違った理由を持っておりました。この理由は、むしろウィクリフのそれに似ているものであります。つまり、征服を教義の中心にすえ、その上になりたっているイスラム教にとりまして、戦争はごく自然な表現でありますが、キリスト教の本質は、戦争とは真向から反対するものでありました。このように把握しますと、この両世界が戦争に入りますれば、キリスト教世界は、つねに不利ばかりを強いられざるを得ないのであります。それ故、キリスト教世界が勝ち得るのは、ただ平和的手段によるしかないのであります。と申しますのは、平和的な手段に訴えるときのみ、キリスト教世界は、自分自身に忠実であるのですから。

では、かれらのいう平和的手段とはいかなるものでしょうか。ベーコンは同時代のフランチェスコ派の人びとと同じように、ひとたびイスラームに対する反駁の方法が考案されますれば、もはや実際の討論は無用と考えていた節があります。つまりこの論駁の方法が正しいのは自明のことですから、あとは、それを広めるだけであり、その仕事は布教師か説教師に任せれば良いのです。しかし、セゴビアのホアンは、この方法は間違っていることを見抜きました。説教は、イスラーム世界から再びもぎとった地域以外では許されるものではありません。また戦争を考慮に入れないということは、そのまま大規模な再征服の可能性をも排除したことになるのであります。ホアンは、イスラム教徒を改宗しようとする布教活動は、結局は失敗してしまうということを把握した、最初の平和主義者であったと、わたくしは思っております。したがいまして、かれがまずはじめに直面した問題は、これに代わる新しい接触手段の問題でありました。かれの手紙の主要目的は、この新しい接触方法を暗示することでありました。この接触方法をあらわすのに、かれは古い言葉を新しい形で使用し、それに新しい意味を附与したのであります。わたくしたちの住む現代になりますと、その言葉は、その意味の持つ重味をますます加えるようになりました。——つまり、その語とは「話し合い」conference、セゴビアのホアンは、ペダンティックかも知れませんが、正確に闘論 *contraferentia* と呼んでおります[39]。

この新しい説得の方法に関しまして、かれは、はるか先を見透した観測をなしたのでありますす。つまり、この話し合いは（とかれがいうのですが）、たとえ、それが意図した目的——つまりイスラム教徒の改宗——が実現されなかったとしましても、ひとつの有益なる目的を果すであろう、と。かれの例の息の長いやり方で、かれは、たとえ改宗という主たる目的には成功をみなかったとしても、それ以外に三十もの利益があることを挙げているのであります。今では、これは再度まったく新しい意味を持ってきました。伝統的な見解では、異教徒との議論は、結果として異教徒の改宗という事実が伴わなければ、まったく無意味なものということでしたが、セゴビアのホアンは、たとえ思わく通りの目的が達成されなかったとしましても、部分的とはいえ、実際上の利益が多くあることを見抜いていたのであります。かれは、この話し合いを、厳格に宗教的な機能だけではなく、政治的な機能をも持った手段と見なしていたのであります。われわれ近代人の心の琴線に触れるであろう言葉をあやつり、かれは、たとえその話し合いが十年続こうが、戦争よりは安上りだし、また相方傷つくことも少ないものであると宣言したのでありました。

ニコラウス・クザーヌス

セゴビアのホアンが、ニコラウス・クザーヌスへこのような長い書簡を書き送ったところをみても、ホアンは、かれの人となりを憎からず思っていたのであります。ホアンは、ニコラウス以上に、共感を持って耳を傾けてくれる聴き手を見出すことはできませんでした。ニコラウスの哲学は、プラトン主義、気質は穏やかで中庸であり、目的もはっきりとしており、統一を求める動きに深く係っていたのであります。以前には、かれは、フス派やギリシア正教徒との交渉における中心人物のひとりでありましたし、多年にわたりイスラーム問題に関し集めうるだけの史料を集めていたのであります。[40] かれはちょうど、世界の主要な宗教の代表者を一堂に集めての対話という形式の『信仰の平和について』*De Pace Fidei*〔一四五三年〕を出版したところでありました。この書物の中で、あらゆる人びとの宗教の中にある善なるものを取り入れ、細部を通して、宗教上の真理と諸宗教の統一の核心をみようと努めたのであります。そのうえ――これが、今の目的にとりましては、とくに重要なのですが――かれは、文献批判にもぬきん出た力量を持った学者でありました。かれは、今日の歴史家をも十分納得させうるようなやり方で歴史の史料を扱う、かれの時代の学者のうちの最初のひとりでありました。かれは、この分野において、すでに若干の成功をおさめており、著名な存在でありました──そのうちとくに重要なのは、『コンスタンティヌス寄進状』が、後世の偽作であることを証明したことでありました。[41] かれは、慎重な心の持ち主ですから、自分のこの証明が完璧なものであるなどと勝鬨を上げることをがんとして拒否しました。しかし、かれの証明は、同時代人を十分に納得させたのであります。この議論は、大半、まだ今日のわれわれまでも納得させうるほどの出来栄えでした。そのように哲学者として、人間として、交渉委員として、そして歴史家として、ニコラウス・クザーヌスは、セゴビアのホアンが求めていた人にぴったりでありました。かれは、セゴビアのホアンの計画を精力的に、しかも実施すべく取りあげたのであります。たとえば、かれは、ホアンのいう話し合いの準備を示唆しました。そのためにかれは、カイロ、アレクサンドリア、アルメニアやギリシアから、イスラーム世界に関する思想や習慣を直接見聞し、それを書きうる商人を召集しようと思いました。そして資料が集められた段階で、イスラーム諸国に西欧から仲介者を派遣させようとまでも思っておりました。かれがいうには、トルコ人は聖職者よりも世俗の君主を好むということで、この仲介者には世俗の君主をあてるのがより好ましいと思っておりました。[42] このようにして、大きな話し合いへの準備が進められることになった次第であります。

何にもまして、ニコラウスは、セゴビアのホアンの計画を受け取って後の数年間、これまでの論争を扱った主要な著作を読破し、ついに一四六〇年、もっともかれらしい、代表的な仕事のひとつ『コーランの篩い分け』*Cribratio Alchoran* を書き上げました。この『コーランの篩い分け』で、かれは、徹底的にセゴビアのホアンが望んだ、文学、史学と文献学にわたって体系的に検討するという計画をやり遂げたのであります。

かれは、基本的には、コーランを、『コンスタンティヌス寄進状』を扱うかのごとく取り扱いました。しかし、コーランの方がはるかに長くなりましたが(43)。かれは、コーランを色々な要素に分解することを試みた結果、コーランには三つの要素があることを発見いたしました。というより発見したと思っていたのであります。その第一は、初歩的なネストリウス派キリスト教的要素、その第二の要素は、マホメットの相談役のユダヤ人により取り入れられた反キリスト感情、第三は、マホメットの死後、ユダヤ人「校正者」により改竄された部分のそれであります。このコーランの本文分析が今でも価値があるとは思っておりませんが、しかし、コーランが取り入れた主要な知的源泉のあるものは正しくいいあてているようです。論争の範囲を限定し、問題の輪郭をはっきりさせるという、ニコラウス・クザーヌスの方法は重要であります。セゴビアのホアンと同じように、かれは哲学上の問題は放棄いたしました。そしてイスラム教とキリスト教との差異を生み出す論点をコーラン自体の中に見つけ出す計画を、さらに推し進めようと努めました。コーランは独特の性格を持ち、独自の美徳を備え、義なる信仰の下に書かれた文書であるものとして、かれは扱いました。このようにいたしまして、かれは、論争の範囲を限定し、輪郭を明確にすることを望んでおりました。論理の必然としてかれは、イスラム教との論争を、西欧キリスト教とネストリウス派キリスト教、つまりキリストの人性と神との融合の方法という比較的つまらぬことで迷っていった異端との論争に矮小化してしまいました。この書物は、読むのに相当骨が折れますし、この場合はニコラウスが『コンスタンティヌス寄進状』を論じた時とは異なり、現代の読者を納得はさせません。しかし、これは本文を徹底的に批判吟味する方法に科学的な基礎を与えた最初の試みでありました。このテクストの批判吟味は、セゴビアのホアンが考えました大きな話し合いへの第一歩となるはずのものであります。

ジャン・ジェルマン

セゴビアのホアンの友人のすべてがすべて、ニコラウス・クザーヌスが示したのと同じく好意的にかれの計画に賛意を表した訳でもありませんでした。かれの友人たちの方策は色々だし、また見解も異なっておりました。

かれの書簡にもっとも冷たい対応をしたのは、ジャン・ジェルマン、シャロン司教で金の羊毛教団の管長でありました[44]。セゴビアのホアンはジャン・ジェルマンの方にまで、自分の計画を書き送り、あくまでやり抜く決意のほどを表明したのであります。たとえ成功がおぼつかなくても。ジャン・ジェルマンは、自分の生涯を、このサラマンカの博士とはまったく逆の目的に捧げました。このかれもまた、イスラム教の脅威に対してキリスト教世界が無関心であることを嘆いておりました。しかしかれが考えた救済の方策は、あらためて、平和的手段を研究することではありませんでした。かれは、初期の十字軍の叙事詩に描かれているような、より好戦的な、勇猛さの美徳への復帰を熱心に説いてまわったのであります。かれは、この調子で、フランス国王に、つぎのような手紙を送ったところでありました。

ブイヨン公ゴドフロアと、フランスのフィリップ征服王と聖ルイ王の精神を復活させたいものです。もし陛下がそのようになさいますならば、全世界は思わず、歓喜の声をあげましょう。「フランス国王シャルル、勝利の王、新しいダビデ王、新しいコンスタンティヌス帝、新しいシャルルマーニュに名誉あれ、栄誉あれ、勝利あれ。神により委ねられたすべての征服を完成させたのち、聖なるカトリック信仰の救済のために、そして、陛下御自身の名誉と永遠の善き御名のために、これら征服を善用されし国王」と。アーメン。(45)

かれの計画は、これら叙事詩にみえる英雄の素朴な美徳を復活させ、騎士道と紀律を厳しくし、異端と誤謬とを撲滅することにより、キリスト教世界の腐敗堕落にとどめをさすことでありました。もし、たとえ僅かでも、それが実現されるチャンスがあればの話ですが、この計画自身悪いものでもなんでもありません。ジャン・ジェルマンについていわれる最大の弱点はつぎのとおりであります。つまりかれが求めている美徳は、儀式や象徴的な行為の中ではじつに簡単に実現されうるものでありますが、いざ実践という段になると実現がむずかしいというところと、この美徳は、世間一般に受けるというよりは、富裕な宮廷の体質により適合的であるという二点でありました。かれが深くコミットした唯一つの実践的な目標は、十字軍でありました。かれのエネルギーの大半は、支配者や人民の心に、この長い間切望してきた十字軍を植え付けることに捧げられたのであります。

一四五五年のクリスマスの数日前、セゴビアのホアンから手紙と論文の束をどっさり受け取ったとき、あまり喜ばなかったのもそのためであります。なにしろ、ホアンの手紙は、戦争の無益さを教えこみ、イスラーム問題解決のための平和的手段をみつけ出す必要を説いているのですから(46)。十二月二十六日、かれは返事を書いており、クリスマスのお祭騒ぎに紛れて君の手紙の束を読むことができなかったと言い訳をしております。休日の時期の感情のたかまりにまだ浸りながら、かれは、セゴビアのホアンの研究を激励するだけではなく、トルコが侵入を止めず、ひき続き迫っていること、しかもトルコの侵入が阻止されるまで、全世界は安定しないことを指摘しなければならないとも思っていたのであります。ほかの手紙では、かれは、さらに好戦的な調子で、この主張を展開させておりました(47)。かれがいうには、聖なる十字軍は、長年にわたり、諸教皇の決定と、諸国王の実践とにより聖別されてきたのでありました。ローマ・カトリック教会は、この聖戦に参加した人びとに、教会の認可と、教会の赦免とを与えたのであります。聖戦は、旧約聖書により支持されたものでありますし、また長く続いたキリスト教徒の英雄たちに支持されてきたのであります。新しい十字軍が目下準備されておりました。西欧の軍事的行動を弱めることは何もしてはいけないのであります。この現実的な政策に反対するセゴビアのホアンに、何が提案できるのでしょうか。平和の道。しかし、この道が実践に移される前に、イスラム教徒の君主たちの同意を得なければなりませんでした。これは、どのようにすれば可能となりましょうか。イスラム教の預言者マホメットは、イスラム教の教義の検討を全面的に禁止しておりましたし、検討への、それまでの試みの歴史は、その試みが失敗せざるを得ないことを示しておりました。キリスト教徒の感情を逆なでするような、この戦争への道は、成功への望みが確実である場合のみ、正当化されうるのであります。しかし成果が小さいかまったく存在しない場合でも、損傷があることだけは、確実でありました。

ラテン・キリスト教世界のあるべき秩序にのみ関心を持ち、巧妙な議論にはあまり関心を持たない真面目な高位聖職者として、ジャン・ジェルマンは、そのように書いたのであります。かれが展開する議論の大半は、返答が不可能であることを認められねばなりません。表にあらわれた議論の根底には、かれとセゴビアのホアンとが二つの点で基本的に対立していたことも認めなければなりません。まず第一点は、ジャン・ジェルマンは、キリスト教世界にのみ興味を持っていたのであり、キリスト教世界に再びキリスト教圏としての一体感を呼び醒まそうとすることにのみ興味を持っていたことであります。とりわけかれは、イスラーム地域を旅し、帰ってくるや、キリスト教信仰にためらいを感じたり、批判するやから——たとえば商人やその他のやからで、数は増加の一途をたどっていますが——を憎んだのであります。[48] セゴビアのホアンとは異なり、かれは、この種の議論が流す実害をおそれたのであります。またセゴビアのホアンと異なり、かれは、理性的で、該博な知識を持ったやからがいかに一致団結しようとも、——その団結が公会議主義の基底をなしているのですが——それにはなんら信をおいておりませんでした。むしろかれの目は、自分をも含めた司教の助言で裏打ちされた君主の方に向いていたのであります。(49) 昔、かれが、はじめて金の羊毛教団の管長になったとき、かれは、この教団の英雄を、異教の伝説上の英雄イアソンから、ペリシテ人との争いでユダヤ人指導者となったギデオンに変更しました、というより変更しようと努めました。かれは、この教団名の羊毛の中に、英雄譚の黄金の羊毛ではなく、キリスト教的神秘を象徴するギデオンの羊毛を見出したのであります。もしヨーロッパがふたたび好戦的なそして宗教上の指導者を持つことができれば、捨てたものではありません。まだまだ万事うまくいくはずでありました。

アエネアス・シルウィウス

セゴビアのホアンが書状を認めた相手がまだ一人残っております。ホアンは、この支配者を信じきっておりました。しかしその信頼感はまったく異なった形で表現されておりますが、かれが亡くなる最後の月に、セゴビアのホアンは、筆を執り、教皇庁内で旭日の勢いである花形、イタリア人でこの当時のもっとも著名なヒューマニスト、アエネアス・シルウィウスに書状を送りました。(50) この書状は、セゴビアのホアンが、最後の力をふり絞って書いたものでした。かれは病の床に臥し、ほとんど筆を執ることさえできませんでした。

まさに死が間近に迫っていたのです。しかし、それにもめげず、この努力がなされたことは、重要なことでありました。セゴビアのホアンは、書状の受取人の気に入られるよう精一杯の努力をしました。まずアエネアスがイスラム教徒を撃退すべく、全西欧を鼓舞しようとした、今では遠い昔のこととなりました、あのドイツの議会でのかれの演説を賞め讃えました。しかし、ホアンはアエネアスにたった一万の軍勢で二万の敵を撃つという無謀に、福音書中の警句を思い出させようとしたのであります。概してキリスト教徒より、サラセン人の数の方がはるかに多いことをもアエネアスに思い出させました。また、より深遠な問題を論じ、教会へのキリストの贈り物は平和であり、戦争でないことをも思い出させました。

これが書状の要旨であります。ホアンの書状がアエネアスに、ある印象を与えたことは想像できることです。論点のうち若干のものには、文献批判に興味を持つ、ヒューマニストとしてのアエネアスに、訴えかけるものがあったことも否めません。しかし、この書状は、政治家としてのかれ、また行動の人としてのかれに、まるで訴えるものはなかったのであります。かれは、死の床にあるセゴビアのホアンに返書を認めることはできませんでした。しかし、ホアンの提案への、有効な返書は、一四六〇年コンスタンティノープルの征服者マホメット二世宛の書簡でありました(51)。この書状の構成は格調の高いものとなっております。言葉は輝き、世間智に満ち、権力指向型のオスマン・トルコの支配欲に議論を向けるその巧妙さ、基本的な問題に議論を収斂させる巧みさ、それにキリスト教の合理的な守りとそれの有効な配置などの点で、本書簡は傑作でありました。その中には、未開人であれ、文明人であれ、その感情を逆なでするようなものは、微塵も含まれておりません。全編、明晰さ、力強さと良識に溢れ、みやびな物腰ではあるが、鋭い議論の切り込みもみられたのであります。この書簡で欠けている唯一のことは、深い誠実さだけでありました。かれは、心から話しかける人ではなく、むしろ教皇書簡を携えた法律家のように、この書状を認めたのであります。しかし、この書状にみられるように、ヨーロッパの政治家という視点からみますれば、たとえ不可能なことでありましても、とにかく説得だけはしてみようという努力は無駄とはいえますまい。

この手紙の冒頭に、西ヨーロッパにあるキリスト教世界の王国が相当な実力を保持しているという、堂々たる説明がまいります。この堂々たる説明に匹敵するものは、西欧への堂々たる讃美、つまりギボンの『ローマ帝国衰亡史』だけであり、ギボン以前にはこの種のものを思いつくことができません。わたくしは、前にギボンの文章を引用いたしました。この文章は世界の覇者として、その絶頂にあるヨーロッパの思い上がりを、ものの見事に表現したものであります。もちろん、ギボンの時代とトルコの脅威がヨーロッパで渦巻く一四六〇年とでは、事情がまったく異なっております。しかし、このような未曾有の災難に直面したとはいえ、ピウス二世〔一四〇五―六四、アエネアス・シルウィウスのこと〕は、自分たちはより高い文明を持っているというプライドと自信を示そうと努めました。「貴殿は、わが方の諸般に通じておられます故、キリスト教徒の実力のほども御存知と拝察いたします――不動のスペイン、戦争好きのフランス、人口の多いドイツ、強力なブリテン、勇敢なポーランド、活動的なハンガリー、豊かで、血気盛んで、戦争の仕方にたけたイタリアなどを御存知のことと拝察いたします」と述べているのです。(52) 過去数年で、いとも簡単に手にした成功に味をしめ、トルコ人がヨーロッパ全諸国を征服したいなどという気持ちを起こさないように、おどしをかけているのであります。まだ本論に入らずに、ピウスはつぎのように続けます。

しかしながら、貴殿が今の世で最大最強、しかも、もっとも著名な人物になることなど、じつに些細なことです。いったいどうすればそうなるのかとお訊ねでしょうが、たやすく見つけられることでしょう。遠くまで探し求めるには及びません。これは全世界到るところに見出せるでしょう――ほんのすこしの水さえあれば十分です。それで、貴殿が洗礼を受け、キリスト教の秘跡を承認し、福音を信ずるだけで済むことです。どうぞそれを実行して下さい。そのようにされますと、名誉において貴殿を凌ぎ、力において貴殿に並ぶ王侯は、この世には存在いたさぬことになります。余は、貴殿を、ギリシア人と東方の皇帝と誉め讃えましょう。暴力でもって貴殿が奪い取った領土も、このようにすれば正当な権利で保有することになるのです。全キリスト教徒は、貴殿を敬いますし、貴殿を、自分たちの裁き手といたしましょう。イスラームの法に従順を誓うかぎり、貴殿は成功をかち得ることはできますまいが、ただキリスト教に帰依するだけで、貴殿は、万人の賛同の下に、今の世の最大の人となりうるのです[53]。

「おそらくは」と説得は続きます。「貴殿は、貴殿の信仰を放棄し、キリスト教徒にはなりたがらないことと思います。しかし、ここでひとつ考えてみて下さい。キリスト教徒とイスラム教徒との間には、多くの共通点が見出せます。たとえば、唯一神で世界の創造者、絶対忠誠の信仰、来世における信賞必罰、霊魂の不滅性、新旧約聖書の共用、これらすべてが、共通の基盤であります。わたくしたちは、神の本性についてのみ異なるのでありま す[54]。」そしてここでかれは二つの信仰の間にある相違点に、合理的なそして冷静な言葉で、解説を与えたのであります。気品のある言葉を巧みに使って、相違点を指摘したあと、キリスト教に向けてなされている非難攻撃に対する弁護にすすんでゆきます。まずはじめは、キリスト教徒は聖なる書物を改竄しているという非難であります。かれは、聖なる書物の本文の歴史を辿ることを通して、この攻撃がいかに不当なものであるかを容易に立証してみせたのであります。そしてその説明についで、その不当性を強調するべく、本文批判のちょっとした例題をマホメット二世に課したのであります。旧約聖書の古いテクストが、マホメットやその後継者に知られているはるかに新しいテクストより改竄されやすいといえましょうか。そしてもし、ギリシア人やユダヤ人や、キリスト教徒のテクストは皆同一であり、サラセン人のテクストだけがこれらと異なっておりますれば、この場合、一体どちらのテクストの方に軍配が上がるとお思いですか。(55) 学者の立場に立ってみましても、かれの議論は十分に申し分ないものであります。

そして最後に、「貴殿の法はそれに匹敵するものが無いほど優れているとしますれば、なぜ貴殿の立法者はこの法を議論の対象にすることを禁じているのでしょうか。この一点だけからでも、十分この法が駄目なものときめつけることができましょう」。ピウス二世も認めてのとおり、かれは、賢明で、創意に富む人物でありました。ピウスは、マホメットの立場が理性によっては守り得ないことをよく心得ており、また自分の持ち駒も十分に計算しつくしておりました。余が貴殿の体系に、法などという立派な語をつけるのは、法という言葉の誤用を敢えて犯してのことといえるのであります。「それは、貴殿を驚かしたでしょう。それではつぎに、法の本当の性格について、耳をお傾け下さい。法とは活動する理性であります。理性に反するものは、法に反するのであります。ところがどうでしょう。貴殿の立法者は理性による吟味を禁じております。それ故に、立法者が予言しておりますことは、理性で吟味しえないのでありますから、また法ともなり得ないのでありま(56)す。」このようにしまして、ピウス二世は、理性に訴えることで、自分の主張をしめくくるにあたりまして、イスラームの預言者と西欧キリスト教会に巣くっているマホメットたちに共通した重要な類似点としてウィクリフが選び出しました法における前述の特徴を、イスラム教にだけにあてはめ、いいかえしたのであります。基底にひそむ幻滅を理路整然と述べたウィクリフとは対照的に、ピウス二世は、古典古代やキリスト教の遺産に目を向け、それが優れていることに、西欧の自信のほどを表明したのであります。このような時代の環境の下では、この自信は無鉄砲にうつったに違いありません。そのあとの動きに照してみますと、これは、半ば予言的なものでありました。

わたくしはこの書状への賞讃を差し控えることはできません。この書状は、政治家のものであり、ヒューマニストのものであり、世故にたけた人の仕事であります。またこの書状は、わたくしたちが今まで出合ったどの議論よりも、古き時代の、原初的な体裁に復帰しており、コンスタンティヌス大帝〔二八〇頃―三三七、ローマ皇帝〕やクロヴィス〔四六五―五一一、メロヴィング王朝創設者〕でも納得させるのではないかと思われるほど、慎重な政治的論議になっているのであります。しかし、政治的配慮が働き、奇蹟が関与することになっていたコンスタンティヌス大帝やクロヴィスの改宗とは異なり、アエネアス・シルウィウスは、知力を振り絞り傲慢な方法を駆使し、理性と実践的な良識に訴えるしかなかったのです。これら技巧は、輝かしいルネサンス期修辞学の下に一気に開花したものでありました。しかしもちろん、この場合は成功しませんでした。おそらく不成功に終わる運命であったのです。

Ⅲ

いよいよ、この講義も終りに近づいてまいりました。さて、これまでの議論に貫いている糸を手繰り寄せ、とりあえずまとめておくことが私に残された任務であります。わたくしは、四人の学者や政治家がイスラーム問題にかかずらっていた一四五〇年から一四六〇年の十年間の時期を、洞察の時と呼んでまいりました。この洞察は矛盾し、明らかに多くの面で、欺瞞的でありましたが、それ以前のものや少なくともあとの数世紀間にあらわれたものに較べれば、その洞察は、はるかに雄大で、明瞭でしかも真に迫ったものであったといっていいと思います。大変な努力をはらい、この時代の著作家は、十三世紀の情報を完全に自家薬籠中のものといたしましたし、それに、十四世紀の、より広い経験と自己批判の能力をつけ加えたのであります。かれらは、この問題が複雑に錯綜していることも知っておりましたし、ただひとつの答えを必要としている緊急の問題であることも知っておりました。かれらは、世界史の中にはっきりした位置をイスラム教に与えるというような、大袈裟な試みは避けました。しかしその代りとでも申しましょうか、かれらは、些細なことや不必要な細かいところを切り払い、核心にずばり迫ろうと決意しておりました。かれらが目標としたゴールは、それぞれ異なっておりましたし、またそれへ到る道も異なっておりました。かれらがそれぞれ別々であるという事実のなかに、かれらが先人より一段と進歩していることが示されております。かれらの意見には差があるとはいえ、つぎの点では一致しておりました。つまり、洗練されてはいても、実体のない空論よりは、実践的な理性や良識に訴えようとした点であります。

かれらは、お互いに手に手をとりあっておりましたが、イスラーム世界とは、手を結ぶことはできませんでした。セゴビアのホアンやニコラウス・クザーヌスが希望した話し合いも、ジャン・ジェルマンやアエネアス・シルウィウスが希望した十字軍も、ましてや、スルタン・マホメット二世へのアエネアスの訴えなど、いかなる未来をも持ってはおりませんでした。東欧との国境地帯におけるイスラーム軍の侵入は、引き続いて進行中であり、十六世紀の中頃まで留まることはありませんでした。イスラム教の勢力は、地中海方面へも進出を続けました。シリアにおけるイスラム教徒と、スペインのムーア人とが手を結ぶ危険は、積年の脅威でありました。十字軍もイスラム教との話し合いも、説教も説得も、皆同様に背後に追いやられてしまいました。トルコの危機が最高に達し、イスラーム世界がヨーロッパを呑み込んでしまうおそれが出てきたとき、九世紀スペインにおけるエウロギウスやパウルス・アルヴァルスや十二世紀後半イタリアのフィオーレのヨアキムの場合と同じように、中世の黙示録からくる予言の、最後の爆発が起こりました。一五四二年トルコ人がハンガリーを席巻いたしました。それは、一千年前の野蛮人の侵入以来、外敵によって破壊された西欧における最初の大きな王国の崩壊でありました。これは、十世紀ヨーロッパの東の国境に新しい王国をつけ加えた大拡大運動における、はじめての逆転でありました。フランス王の反応は、トルコと同盟することでありました。今にも、ドイツもまたイスラム教に屈するかも知れぬと思われたのであります。

ルター

年老いたルター、今では怒れる老人であるルターが、時代向けのパンフレットとして、十三世紀の、反イスラム教の著作のひとつ、モンテクローチェのリコルドの『コーラン論駁』*Confutatio Alchoran* を、かれ独得の力強いドイツ語で翻訳したのが、ちょうどこの時点でありました。[57] かれは、この翻訳に、序文と補遺とを加えました。その箇所で——多分かれはそれに気づいてはおらないのですが——かれは、中世にすっかり根を下ろした伝統的な考え方、つまりイスラーム問題を政治的にも知的にも解決することができるという見解は、絶望に近いという考え方を、強力に表明したのであります。ルターは、イスラム教徒は容易に改宗されうるものではないと信じておりました。かれらイスラム教徒の心はかたくなで、聖書を軽蔑しているし、論争は拒否するし、嘘を織り交ぜたコーランにしがみついていたからであります。[58] これは、ジャン・ジェルマンが十字軍の再開を弁護する際述べたことと同じでありました。しかし、ルターの見解によりますれば、西欧が原罪にとらわれたままである限り、イスラーム世界に戦争をしかけても無駄であったのであります。「わたくしたちが今ここで見出せるような人びとが、たとえ戦ったとしても、神は、決してわたくしたちに勝利を与え給わないでしょう」。イスラーム問題を解決する手段として戦争を否定したという点で、かれは、ロジャー・ベーコン、ウィクリフ、セゴビアのホアンや多分十三世紀以来の多数の知識人と同系列に入るのであります。しかし、これらの人びとと異なり、また九世紀以来の西欧のだれとも異なり、ルターは、キリスト教世界はいずれイスラーム世界に呑み込まれてしまうという可能性を楽しみにして待っておりました。気が付いてみると、このようにイスラーム世界に呑み込まれてしまっていたという事態の下でのキリスト教徒の信仰を強化すべく、ルターは筆を執ったのであります。数百年にわたるトルコ人やサラセン人の成功も、べつにかれらが神の恩寵を受けていることの証ではありませんでした。ただかれらは、この世の始めから終りまで、キリストの血が流されねばならないというあの予言を実現しているのですから、神が怒りを下し給うたトルコ人やサラセン人に、自由にかれらの思いを遂げさせてやらねばならないのであります（とかれはいうのです）。ただし、わたくしたちが、神の恩寵に浴し、神の御言葉と秘跡とを堅く守っておりますれば、のことですが[59]。

ルターは、自分が長い夜に入る直前の、キリスト教世界のたそがれどきに立っているかのごとくに描いておりますし、また未来を見つめ、マホメットやかれの後継者が、最後のアンチ・キリストであるのかどうかも自問し、フィオーレのヨアキムと同じく、かれは、少しそうではないと自答しました。つまり、イスラム教は、これほどの大役を果すには、少し下品で非合理にすぎるのであります。真の、そして最後の、巧妙で、悪賢いアンチ・キリストは、キリスト教会内部からあらわれてこなければなりませんでした。つまり、教皇以外にこれに最適の人はおらないのであります。[60]これは、ヨアキムの描いた絵であり、中世後期の黙示録からくる予言のいうところと多く共通しておりました。ただルターの場合、それにかれ自身の神学上の敵意が加わってておりますが。ルターにとりましても、ヨアキム以下の連中にとりましても、現下キリスト教世界は、外敵と、はるかに恐ろしい内部の敵とにがっちり押さえ付けられているのであります。外敵をうまくやっつけるために、まず内部の敵をきれいさっぱり除いてしまわねばなりませんでした。[61]そのときまで、苦しむ以外いかなる智恵もありません。ウィクリフも同じことをいっておりました。[62]

いよいよ、ここにおきまして、わたくしたちは、論争を通してでも、また実力行使によってでも、どちらにしても、外敵を倒すのに必要な、有機的統一体としてのキリスト教世界の理念が、知的にも分裂してしまったのを見出すのであります。実際現実に起こったことは、もちろんルターが予言した分裂でもなければ、ほかの多くの人が計画し、努力した勝利でもありませんでした。イスラム教に関する限り、かれらの計画はまったく無に帰してしまいました。しかし、イスラム教を呑み込んでしまおうという長い戦いの中で培われた思考態度は、ほかに出口を持つことになったのであります。たとえば、セゴビアのホアンが、もっとも早い時期の指導者のひとりでもありましたサラマンカ大学の博士たちにみられるほど、その成果が実り豊かに得られたところはありません。かれらは、自分たちの思考の方向を、イスラム教から西インド諸島に向け、かつてと同様に、合理的で穏健な精神を駆使し、帝国の発展のコースが西方に向かい、新しい時代の新しい問題を解決する場合の、よるべき原理を見つけ出すよう努めたのであります。イスラーム問題が解決されることがある限り、それは、実際の事件により解決されるのであり、いくらすばらしいものでありましても、思想や計画では駄目であります。これまでの知的努力の、実際上の成果は、極端に貧弱でありました。なるほど、ヨーロッパが経験した体験の歴史の一章としては、イスラム教との体験は、すばらしい位置を占めます。その歴史は、まずベーダやカロリング朝学者の聖書釈義からはじまり、十二世紀初期の、のびのびと無限に広がる空想の産物を通り、十三世紀の、大胆にして、希望に満ちた理論で、その頂上に達し、十五世紀のテクスト批判という堅固な地盤にまでたどり着いてきました。わたくしたちは、聖書の種々の利用法も描いてきました。聖書のお陰で、人は歴史を再構成していこうと思うようになりましたし、時々、力強い、畏怖の念を呼びさます黙示録にみられる洞察を持つようにもなりました。予期しない大規模な民衆運動や、スペインの国境の町での翻訳家の、地味な努力が、イスラーム問題の全局面を、いかに変化させていったかをも眺めてまいりました。さらに、いかに大きな思想体系といえども、世界史の新しい展開の衝撃を受け、突然衰退し、忘れ去られていったことも眺めました。

とくにわたくしたちの肝に銘じておくことは、どのような思想体系といえども、対象となった現象を、過不足なく完全に説明しつくすことなどできっこないということです。ましてや、実際の事件の推移そのものを決定的に変えることなど思いも及ばぬということでした。実際の問題の場合でも、大方の知識人が予測したようには、事態は良くもならなかったし、また悪くもなりませんでした。つまり、最悪の事態がはっきりと予言されたときは、現実の事態はそれより悪くはならなかったし、最良の予言者が自信を持って、ハッピー・エンドを予測したときは、現実はそれより良くはならなかったのであります。なにか進歩があったといえるのでしょうか。あったとわたくしは確信を持って申し上げなければなりません。この問題の解答は、かたくなに、視界からは隠されてはいましても、この問題の提起の仕方は、検討してきた論争の三つのそれぞれの段階の経験により深く係り合い、より複雑に、より合理的になってゆきました。中世において、イスラーム問題で学者は四苦八苦しましたが、結局、探し求め、望んだ解法を見出すことはできませんでした。しかしこのお陰で思考のパターンは作り上げられましたし、理解力も向上いたしました。もし他の人により、それらが違う分野に適用されれば、そのときは、まだ成功が約束されているかも知れません。

注

第1講

（1） E. Renan, *Averroès et l'averroïsme*, 1852.

（2） とくにわたくしの念頭にあるのは、U. Monneret de Villard, *Lo studio dell' Islam in Europa nel XII e nel XIII secola*（Studi e Testi, 110）, 1944; G. Théry, *Tolède, grande ville de la Renaissance médiévale*, 1944; D. Cabanelas Rodriguez, *Juan de Segovia y el problema islamica*, 1952; N. Daniel, *Islam and the West: The Making of an Image*, 1960. 最後にあげた書物には、完璧な文献目録がついている。

（補注） 第1講で論じられている若干の史料は、M. T. d'Alverny, "La connaissance de l'Islam en occident du IXe au milieu du XIIe siècle," *L'Occidente e l'Islam nell 'alto medioevo: Settimane di studio del centro italiano di studi sull 'alto medioevo*, VII, 1964（1965）, pp. 577–602で解説が加えられていた。

最近この問題を全般的にあつかったものとして、やはり、N. Daniel, *The Arabs and Medieval Europe*, London, 1975参照。W. Montgomery Watt, *The Influence of Islam on Medieval Europe*（Islamic Surveys 9, Edinburgh, 1972）は、西欧中世における、イスラームの影響を、イスラーム観と対比してあって、有益な入門書である。

(3) J. Boswell, *Life of Samuel Johnson*, ed. G. B. Hill and L. F. Powell, 1934–1940, III, pp. 10–11.

(4) 十二世紀初頭の学問分野で、イスラームからどれほど学んだか、そのまとまった知識は、A. J. Arberry, *A Twelfth-Century Reading List: A Chapter in Arab Bibliography*, 1951 から得ることができる。

(5) R. Walzer, "Arabic Transmission of Greek Thought to Medieval Europe," *Bulletin of the John Rylands Library*, Manchester, XXIX, 1945–46, pp. 160–83.

(6) ジェルベールに関する引用は、J. Havet が編集したジェルベール書簡集（一八八九年）だけで十分であろう。まだこの書簡集にまさるものはでておらないので。その足らない分は、R. Latouche (ed.), *Les classiques de l'histoire de France au Moyen Âge*, 1930–1937, II, pp. 54–56 所収の Chronicle of Richer と A. Olleris, *Oeuvres de Gerbert*, 1867 でおぎなう。

（補注） 現在では、ジェルベールの書簡集としては、ハーヴェト版以上の、F. Weigle, *Die Briefsammlung Gerberts von Reims*, Mon. Germ. Hist. Briefe d. deutschen Kaiserzeit, ii, 1966 が出版されている。

(7) アヴィケンナの自叙伝については、A. J. Arberry, *Avicenna on Theology*, 1951 参照。かれの生涯と仕事については、S. M. Afnan, *Avicenna: His Life and Works*, 1958 参照。

(8) Gibbon, *History of the Decline and Fall of the Roman Empire*, chapter xxxviii, "General Observations on the Fall of the Roman Empire in the West."（訳註　村山勇三訳『ローマ帝国衰亡史』〔岩波文庫〕五、四〇五―六頁を参考にした。）

(9) ベーダがサラセン人に言及している箇所の大半は、C. Plummer (ed.), *Historia Ecclesiastica*,

1896, II, p. 339 に集められている。それ以外に、M. L. W. Laistner, *Bedae Venerabilis Expositio Actuum Apostolorum et Retractatio*, 1939, pp. 34, 149, 152, 157 参照。

(10) この同定は、四世紀のはじめ、エウセビオスにより、いっそう古くは、ヨセフスにより、行われた。ベーダが直接史料としたのは、セビリアのイシドルスであった。しかし、イシドルスは、かれの創世記釈義八章と十七章において、サラセン人についてなにも言及していないことに注目すべきである（*P. L.* LXXXIII, 242, 248-49）。ここでイシドルスは、ハガルの子孫とユダヤ人とを同一視する伝統的な見解にこだわっていた。

(11) ギリシアの著作家たちは、その名前を語呂合せにもっていった。つまり *τῆς Σαρρᾶς ξενοὺς* = *a Sarra vacuos*（サラにより追い出されたものたち）とした。これは、"Sarra vacuam me dimisit"（サラはわたくしを着のみ着のままで追い出した）というハガルの言葉にしたがったまでである（John of Damascus, *De Haerisibus*, *P. G.* XCIV, 763 参照）。しかしながら、この解釈は、ラテン人には受け入れやすいものではなかった。したがって、ラテン人は別の説明を求めねばならなかった。つまりつぎのような複数の説明がイシドルスにより提示された。つまりそのひとつは、サラセン人は、サラの子孫 *a Sarra geniti* であるという主張（これはまちがっているが）とサラセン人は、シリア起源であるため *quasi Syrigenae* そうよばれるのだとの主張がそれである（*P. L.* LXXXII, 329, 333）。

(12) 九世紀中葉の著作家リクセーユのアンゲロムスの創世記釈義に、この点についての、長々とした議論がのべられている。かれは、自分勝手に、アルクィヌスに直接つながる伝統の中にあり、カロリング朝の最高の学統を保持していると自任していた（*P. L.* CXV, 179 ff.）。

(13) 全般的な状態については、E. Lévi-Provençal, *Histoire de l'Espagne musulmane*, 2nd ed., 1950, I,

pp. 225-39 参照。この時代の事件の、一方的ではあるが、生き生きとした描写には、R. Dozy, *Histoire des Musulmans d'Espagne*, new ed., 1932, I, pp. 317 ff.

（補注） 九世紀中頃の出来事については、E. P. Colbert, *The Martyrs of Córdoba*（*850-859*）: *A Study of the Sources*, Catholic University of America: Studies in Medieval History, XVII, 1962 参照。

（14） Koran, ix（ed. G. Sale, p. 137）

（15） 八五八年、聖ヴァンサンの聖遺物を求めて旅立ったサン・ジェルマン・デ・プレの二人の修道士は、なんとか目的地コルドバにたどりつき、殉教したばかりの三人のスペインの聖者の遺体を北ヨーロッパに持ち帰った。かれらは、この旅の貴重な旅行記を残した。この旅行記を通して、スペインの動きが手に取るように、北ヨーロッパに達した。シャルル禿頭王は、この動きに興味をいだき、後には、もっと情報をうるべく人を派遣した。このような動きについては（すでに引用した著書のほかに）B. de Gaiffier, "Les notices hispaniques dans le Martyrologe d'Usuard," *Analecta Bollandiana*, LV, 1937, pp. 268-83 参照。

（16） Paul Alvarus, *Vita Eulogii*, cap. iii（*P. L.* CXV, 712）.

（17） Dozy, *Musulmans d'Espagne*, I, 317 所収 Paul Alvarus, *Indiculus Luminosus*, *P. L.* CXXI, 555-56.

（18） かれらの著作については、*P. L.* CXV, 705-870 と CXXI, 397-566 参照。最近の研究や史料集としては、C. M. Sage, *Paul Albar of Cordoba: Studies on his Life and Writings*, 1943 と J. Madoz, *Epistolario de Alvaro de Cordoba*, 1947 参照。

（19） 以下の引用文は、ダニエル書七章二十三節から二十五節に関するアルヴァルスの解説を要約したもの。*Indiculus Luminosus*, *P. L.* CXXI, 535-36所収。（訳註『聖書』日本聖書協会、一九五九年、一二三五頁を参考にした。）

（20）初期キリスト教文学における四つの帝国の理論については、*Classical Philology*, XXXV, 1940, pp. 18-21掲載のJ. W. Swainの論文参照。

（21）ラテン語訳聖書では、"et tradentur in manu eius usque ad tempus, et tempora, et dimidium temporis."（聖徒はひと時と、ふた時と、半時の間、彼の手にわたされる〔訳注 前記『聖書』一二三五頁〕）とある。

（22）このマホメットの伝記は、すこしずつ異なった型であらわれている。Eulogius, *Liber Apologeticus Martyrum*, cap. 15がいう所によれば、かれは、これを、ナバラのパンペローナ近くのレイル修道院で見つけた（*P. L.* CXV, 859）。この象徴的な数字のかぞえ方はスペイン暦を使用していることから、この伝記は、あきらかにスペインで書かれたものである。普通の計算より三十八年も多いのである。

（23）ディジョンの聖ベニニュ修道院長アドソの*De Ortu et tempore Antichristi*は、北ヨーロッパで書かれた、もっとも影響力の大きな終末論である。本書（Sackur (ed.), *Sibyllinische Texte u. Forschungen*）は、サラセン人の役割を無視していこうという風潮の先駆けとなった。本書が出版された二百年後、リチャード一世の助言者たちは、フィオーレのヨアキムの新説の矛盾をつくために、この書物を利用した（第二講注8参照）。

（24）*P. L.* CXX, 804 ff. マタイによる福音書二十四章十四節では、「そしてこの御国の福音は、……全世界に宣べ伝えられるであろう。そしてそれから最後が来るのである」（訳注 前記『聖書』一二三九―四〇頁）。パスカシウスは、この終末の状態が、完全とはいえないが、ほぼ、到来していることを論じている。つまり説教者はスカンディナヴィアの人びとや西方の島々に福音を宣べ伝えた。サラセン人に関しては、かれらが福音に耳をかさなかったわけではないが、それを否定していた。福音はいずれ全世界に宣べ伝えられようが、世界の終末までにどれだけの日時がかかるのか、まだだれも言うことはできない。

(25) ラルフ・グラバは、その『歴史』(M. Prou (ed.), 1886, pp. 11-12) の中で、九七二年クリュニー修道院長マヨールス伝にみえる一事件を紹介している。これによれば、この修道院長は、ラ・ガルド・フレスネのサラセン人にとらえられる。院長が聖書を落としたところ、サラセン人のひとりが、それを足で踏みつけた。ところが、この男は、預言者たちへのこの冒瀆を、何人かの温和なサラセン人によりとがめられた。ラルフ・グラバは、つぎのようにつけ加えている。つまり旧約聖書の預言は、マホメットの中で成就されたこと、マタイによる福音書の冒頭にあるキリストの系譜と同様、イシュマエルからマホメットにいたる系譜があると、サラセン人が信じていたと。以上の記述は、マホメットがのべられているだけでなく、北ヨーロッパでイスラム教に関するはじめての言及であり、またクリュニーとイスラム教との最初の接触を示す証拠として、興味深い。この接触がやがて、ペトルス尊者監督下のコーランの翻訳にみのるのである。

(26) 十二世紀前半北ヨーロッパに広まったマホメットとその信奉者の像は、つぎにあげるマホメット伝を比較検討すれば、うまく描き出せる。

(1) Embrico of Mainz, *Vita Mahumeti* (ed. F. Hübner, *Historische Vierteljahrschrift*, N. F. XXIX, 1935, pp. 441-90). これは韻をふんだ挽歌体の連句で、一一四二行の詩。ある写本では、この詩は、トゥールのイルドベール作となっているが、この説は受け入れがたい。しかしながら、エムブリコについても、わたくしたちは何も知るところがない。しばしば、かれは、一〇六四年アウグスブルク司教となり、一〇七七年なくなった同名のマインツの司祭長と同一視されている。しかしこの見解に対し反対意見がある。この見解の支持者G・カンビーアが、近年 *Latomus*, XVI, 1957, pp. 468-79 において、反対意見に反論を試みているが成功したとは思えない。まず第一点、著者の死後書かれたと思われる著者への賞讃の詩に、かれが司教になったということがのべられていないこと、第二点として、この書物の内容と文体は、十一世紀のものよりは、十二世紀のものという方がよりふさわしいことからみて反論は成功していない。G・カンビーアは、これらの反論にまた反論を試みているが、わたくしには納得できそうもない。より説得的な見解としては、W. Wattenbach, *Deutschlands Geschichtsquellen im Mittelalter*, ed. R. Holtzmann, I, 1948, p. 450 を見よ。これによれば、エムブリコは、一〇九〇―一一一二年、マインツの財務長官であった。とにかく写本はすべて十二世紀ないしそれ以降のものである。現存の十四の写本の内十の写本まで十二世紀ならびに十三世紀初期のものであり、この時期こそ、この作品が一般的になった時期を証明するに十分である。

(2) Walter of Compiègne, *Otia de Machomete* (ed. R. B. C. Huygens, *Sacris Erudiri*, VIII, 1956, pp. 286-328). 一〇九〇行の詩。一一三七年から一一五五年の間に書かれたもの。おそらく一一三七年に近い頃であろう。

(3) Guibert of Nogent, *Gesta Dei per Francos*, i, 3 (*P. L.* CLVI, 679-838). 一一一二年より前に書かれた、この第一次十字軍史において、ギベールは、マホメット伝に一章をさいていた。

これらマホメット伝は、細部に異同はみられるが、この問題に対して皆同じ知識を持ち、同じ態度を取っていることを示している。かれらが使用した史料は、すべて口頭の証言である。コンピエーニユのゴーチエは、自分の知識が、キリスト教に改宗した一イスラム教徒によっていること、などこの知識が入ってくる段階を詳細にのべている。無茶苦茶で、でたらめなエムブリコをのぞいても、かれらすべて、マホメットが生きていた時期を正確には知らなかった。かれらはすべて、ほぼ同じことで、細部にいたるまで極端に潤色を施し、歴史的な事実が含まれているのはごくわずかであった。

(27) R・W・ハント氏は、わたくしに、G・カンビーアの一連の論文の最初のもの "Les sources de la Vita Mahumeti d'Embricon de Mayence," *Latomus*, XX, 1961, 100–115 の存在を指摘してくれた。この論文では、ビザンツ、アラビアと古典の伝説が、このマホメット伝の中にくりかえしあらわれてくることが論じられている。

(補注) Embricon of Mayence の、マホメット伝 *Vita Mahumeti* を論じたG・カンビーアの、第二番目のそして最後の論文は、*Latomus*, XX, 1961, pp. 364-80 にある。

(28) かれは、この預言者の本当の名前も知らず、マトムス Mathomus と呼んでいるしまつ。またかれの時代とはそう遠くへだたっていない時代の人にちがいないと考えていた。

(29) この文学の中でのサラセン人の性格に関しては、W. W. Comfort, "The Saracens in the French Epic," *Publications of the Modern Language Association of America*, LV, 1940, pp. 628-59 で分析されている。

第2講

(1) *Gesta Regum*, ed. W. Stubbs (Rolls Series), p. 230. ここでウィリアムは、この世で異教徒として残っているのは、ウェンド人とラトビア人だけであるとのべている。なんとなれば、サラセン人もトルコ人も唯一神を信じているからである。かれらはマホメットを神としてではなく、自分たちの預言者として考えている（*nam Saraceni et Turchi Deum Creatorem colunt, Mahomet non Deum sed eius prophetam aestimantes*）。

（2）ペトルス・アルフォンススの『キリスト教徒とユダヤ教徒との対話』（*P. L.* CLVII, 535-672）におけるイスラーム信仰の解説と批判とは、十二世紀としては、とびぬけて情報量の豊かな、しかも合理的な叙述である。中世全体をみわたしても、これは最高級の部類に属している。しかしこの著者が住んでいた環境が特異であったといおうか、かれの著作は、中世、とくに英国で大変よく知られ、よく引用されたけれども、この論争の一般的な発展にはまったく影響を与えなかった。

（3）偽テュルパン Ps-Turpin の書が何時、どこで書かれたか不明な部分が多い。しかし一一五〇年よりおそいことはなく、多分フランスで書かれたらしい。――わたくしの考えでは、ヴィエンヌの可能性がもっとも高い。しかしこの問題に関しては、一致した見解はない。H. M. Smyser 版（一九三七）と W. M. Whitehill, *Liber Sancti Jacobi: Codex Calixtinus*, 1944 と P. David, *Le Ps-Turpin* (Etudes sur le livre de S. Jacques, III), 1948 による研究とを参照。

（4）*Chronicon*, ed. A. Hofmeister（Scriptores rerum Germanicarum in usum scholarum）, 1912, p. 317.

（5）Mlle. M. T. d'Alverny, "Deux traductions latines du Coran au Moyen Age," *Archives d'histoire doctrinale et littéraire du Moyen Age*, XVI, 1948, pp. 69-131 は、この問題に関する画期的な研究である。これ以降に出た著作は、すべてこの論文から派生したものである。これらの諸成果を論評したものとして、J. Kritzeck, "Robert of Ketton's Translation of the Qu'an," *Islamic Quarterly*, II, 1955, pp. 309–12 参照。

（補注）この分野におけるペトルス尊者の業績を説明したものとして J. Kritzeck, *Peter the Venerable and Islam*, Princeton, 1964 参照。

（6） *P. L.* CLXXXIX, 651–52.

（7） *P. L.* CLXXXIX, 674.

（8） ヨアキムとリチャード一世との会見を伝える完全な史料は、英国の偉大な歴史家ハウデンのロジャーという目撃者によって残された。しかし、かれの目撃談は、長い間その信憑性を疑問視されてきたのである。というのは、ハウデンのロジャーが伝えるヨアキムの見解を、ヨアキムの伝記作家たちが認めたがらなかったためであり、もうひとつの理由は、この会見を伝える史料に、大きく矛盾する二種の写本が残っているためであった。しかしながら、前者の疑問は、*Liber Figurarum* の発見と、その出版とにより、氷解してしまった。つまりこのイギリスの著作家によりヨアキムに帰せられた見解とこの写本との見解とがぴったりと一致し、むしろこちらの方が、正確にヨアキムの思想の主流をなしていることが明らかにされたためである（とくに M. E. Reeves, "The *Liber Figurarum* of Joachim of Fiore," *Medieval and Renaissance Studies*, II, 1950, pp. 57–81）。第二の疑問も、リチャード一世との会見記についての説明も、じつは、両方とも同じ著者ハウデンのロジャーの作であることがわかったために、なり立たなくなったのである（D. M. Stenton, "Roger of Howden and *Benedict*," *English Historical Review*, LXVIII, 1953, pp. 574–82）。このことが指摘されるや、ハウデンのロジャーは、後の出来事にその会見記をあわすべく、もとの、したがって同時代の自分の説明に変更を加えたことが明らかになった。もともとの説明については、*Gesta regis Henrici secundi Benedicti Abbatis,* ed. W. Stubbs (Rolls Series), II, pp. 151-55参照。あとの変更を加えた説明については、*Chronica magistri Rogeri de Houdene*, ed. W. Stubbs (Rolls Series), III, pp. 75-79.

(9) L. Tondelli, *Il Libro delle Figure dell'abate Gioachino da Fiore*, tavola xiv には、*Liber Figurarum* にのべられている一連の出来事が図にして示されている。この同じ図は、オックスフォード大学コーパス・クリスティ学寮の写本二五五Aにもみられる。このヨアキム問題全般にわたり、マジョリー・リーヴズ女史に負うところが大である。

（補注）今日、マジョリー・リーヴズ博士の、フィオーレのヨアキムとかれの影響を論じた二冊の重要な著作 *The Influence of Prophecy in the Later Middle Ages*, Oxford, 1969; *The 'Figurae' of Joachim of Fiore*,（B. Hirsch-Reich と共著）Oxford-Warburg Studies, 1972 を参照せよ。

(10) スペインをのぞく全欧にあてた、一二一三年四月の十字軍召集状のなかで、インノケンティウス三世は、マホメットを黙示録のいう野獣とはっきり断定した。「マホメットの数は六六六となる」と。この六六六のうちおよそ六〇〇年がすでに経過したので（おそらくは六二二年のヘジラからか、マホメットの死六三二年からかぞえている）、かれの終焉は目前にせまっていると結論づけた（*P. L.* CCXVI, 817-22）。この書簡のインスピレーションがどこから得られたのか、興味深い問題である。

(11) ペトルス尊者が考えている数そのものが矛盾している。「全世界のおよそ半分が、致命的な心の病に冒されていることが知られている eius lethali peste dimidius pene orbis infectus agnoscitur」（*P. L.* CLXXXIX, 650）、「全世界のおよそ半分 pene dimidia pars mundi」（*ibid.*, 656）。しかし「およそ全人類の三分の一 pene tertiam humani generis partem」（*ibid.*, 652）とも記している。

(12) この書簡と、後に引用するダミエッタからの書簡は、F. Zarncke, "Zur Sage von Prester

Johannes," *Neues Archiv*, II, 1887, pp. 612–14に印刷されている。

(13) ルブルックのウィリアムの旅行記は、A. van den Wyngaert, *Sinica Franciscana*, I, 1929の中にある。カラコルムでの御前の宗論については、二八九―二九七頁参照。(訳注　邦訳としては、護雅夫『中央アジア・蒙古旅行記』桃源社がある。御前の宗論の部分は二六三―二七四頁。)

(14) この旅行記には、五種類の中世の写本がある。Corpus Christi College, Cambridge, MSS, 66, 181, 407; British Museum Royal MS. 14, C. xiii; Leyden Univ. MS. 104の五種。ライデン大学の写本は、ケンブリッジ大学コーパス・クリスティ学寮一八一の写しである。

(15) この翻訳家たちの活動は、G. Théry, *Tolède, grande ville de la Renaissance médiévale*, 1944にうまく要約されている。また早い時期の学者の主要な著作もあげられている。それ以降の著作については、A. Alonsoの*al-Andalus*, XII, 1947, pp. 295–338とXXIII, 1958, pp. 371–80の論文と、M. T. d'Alverneyの*Archives d'histoire doctrinale et littéraire du Moyen Âge*, XIX, 1952, pp. 337–58と*Accademia nazionale dei Linzei*, XL, 1957, pp. 71–87の論文参照。

(補注) M. T. d'Alverneyの、近々に出る研究*Translations and Translators*によれば、この時期のスペインにおける翻訳活動は、従来考えられていたほどにはトレドと密接な関係があったとはいえないことを証明している。他方この全体像を知るためには、C. H. Haskins, "Translators from the Arabic in Spain," *Studies in the History of Medieval Science*, 1924, pp. 3–19がよい。

(16) P. M. de Contenson, "S. Thomas et l'Avicennisme latin," *Revue des sciences philosophique et théologique*, XLIII, 1959, pp. 3–31参照。この問題に関する初期の文献については、同じ著者の"Avicennisme latin et vision de Dieu au début du XIII siècle," *Archives d'hist. doct. et litt. du M. A.*,

XXXIV, 1959, pp. 29–97 と H. F. Dondaine, "L'objet et le médium de la vision béatifique chez des théologiens du XIII siècle," *Recherches de théologie ancienne et médiévale*, XIX, 1952, pp. 60–130 を参照するだけで十分である。これに関連のあるパリ大学の告示は、*Chartularium Universitatis Parisiensis*, ed. Denifle and Chatelain, I, no. 128 を見よ。

(17) ダンテの『神曲』にイスラム教が与えた影響について、長い論争がある。その最近の要約としては E. Cerulli, "Dante e Islam," *al-Andalus*, XXI, 1956, pp. 229–53 と G. Levi della Vida, "Nuova luce sulle fonti islamiche della Divina Commedia," *al-Andalus*, XIV, 1949, pp. 337–407 がある。

（補注） マホメットが天国や地獄をめぐる旅を訳したものとして *Liber de Scala Machometi* が知られている。かつてわたくしは、この翻訳が、もちろんたいしたことはないが、とにもかくにもダンテに影響を与えたと思っていたが、今ではそれほどでなくなった。拙稿 Dante and Islam, *Relations between East and West in the Middle Ages*, ed. Derek Baker, Edinburgh, 1973, pp. 133–145 を参照。ここには文献目録も掲載されている。

(18) *Inferno*, iv, pp. 129, 143–44.

(19) キリスト教世界がとるべき知的戦略に関するベーコンの考え方を解説したものに、一二六六―六八年にかかれた三つの著作がある。*Opus Maius*（ed. J. H. Bridges, 3 vols., 1900）と *Opus Minus* それに *Opus Tertium*（ed. J. S. Brewer, Rolls Series, 1859）がそれである。

(20) *Baconis Operis Maius Pars Septima seu Moralis Philosophia*, ed. E. Massa, 1953.

(21) *Opus Maius*, iii, p. 122.

(22) *Ibid.*, pp. 121–22.

（23） *Opus Tertium*, p. 65.

（24） *Moralis Philosophia*, pp. 189–92.

（25） *Ibid.*, p. 195.

（26） 哲学がキリスト教信仰にとり重要な位置を占めるとのベーコンの評価は、とくに R. Steele（ed.）, *Metaphysica fratris Rogeris*（Opera hactenus inedita, I）, pp. 6–7, 36–39 を見よ。

（27） *Moralis Philosophia*, p. 196.

（28） *Ibid.*, pp. 218–23.

（29） H. Prutz, Kulturgeschichte der Kreuzzüge, 1883, pp. 573–98 所収の William of Tripoli, *Tractatus de Statu Saracenorum* 参照。引用文は五九五頁のもの。

（30） *Ibid.*, p. 596.

（31） この伝説は、種々の形で残されている。たとえば、「カリフの地位は、メシアにそれをあけわたすまで、余の父方の叔父（アッバース）、余の父方の一族の子孫にとどめおかれよう」とか「かれらが辞職し、マリアの子イエスの手に渡されるまで、この政府は、かれらの手にとどまることをやめさせぬ」（T. W. Arnold, *The Caliphate*, 1924, pp. 52–53 より引用）がある。

（32） *De Statu Saracenorum*, p. 596.

（33） *Ibid.*, p. 598.

（34） J. C. M. Laurent, *Peregrinationes medii aevi quatuor*, 1864, pp. 91–93 所収の *Descriptio Terrae Sanctae* 参照。

（35） この布教活動については W. Budge, *The Monks of Kublai Khan*, pp. 164–97、その背景について

は、R. Grousset, *Histoire des Croisades*, III, pp. 707 ff. と S. Runciman, *History of the Crusades*, II, pp. 397-401 参照。

第3講

（1） Raymundus Lullus, *Opera Latina*, ed. schola Lullistica, 1954, fasc. iii, p. 96. いかにすれば聖地は回復されうるか（*Quomodo Terra Sancta recuperari potest*）。

（2） Ricoldo, *Liber Peregrinationis* の本文は、U. Monneret de Villard, *Il libro della Peregrinazione nelle Parti d'Oriente*, 1948 に掲載されている。以下の説明は、上記の本文に基づいており、かれの要領のよい伝記も付いている。

（3） リコルドが注意を喚起しているように、最初何の容赦もなくサラセン人を殺害し、キリスト教徒を助けていたタタール人が、イスラム教徒になってしまった。「というのは、かれらは、イスラームの法がもっとも寛大であったことを見つけたためである。この法は、信仰においても、実践においても、ほとんど何のむずかしさもともなわなかったのだ。*cum invenissent legem largissimam, quae quasi nullam difficultatem tenet nec in credulitate nec in operatione.*」リコルドは、以前タタール人がキリスト教に改宗しかけた証拠を依然、みつけ出しているが、しかし改宗に成功するなどの幻想は持っていなかった。「キリスト教徒の法は、大変にわずらわしいものとかれらにはうつっていた。*videtur eis quod lex Christianorum sit valde difficilis.*」リコルドは、またペルシアの現汗《カン》アルグン（〔在位〕一二八四―九一）は、キリスト教徒の友であるけれども、かれの父や祖父とは異なり、「あらゆる犯罪をおかし、極悪非道の人 *homo pessimus in omni scelere*」であったことにも注目している。

(4) *Ibid.*, p. 123.

(5) 「深く吟味すれば、キリストに関し、かれらは、受肉にまつわるあらゆる神秘を否定する立場にあり、サラセン人とほぼ同じ感じを持っている。Positio eorum de Christo si subtiliter inspiciatur, totum misterium Incarnationis evacuat, et de Christo fere idem sentiunt quod Sarraceni.」(p. 128)

(6) リコルドがサラセン人の美徳を讃美する際にみられる、もっとも驚くべき特徴は、西欧のほとんどの著作家が口をすっぱくしていう、あのサラセン人の性的だらしなさへの言及がないことである。それがないどころか反対に、かれがペルシアに滞在中、娯楽本位の音楽(*cantum vanitatis*)など耳にしたことがなく、聞くのは、神、法と預言者をたたえる歌(*cantum de laude Dei et de commendatione suae legis et sui prophetae*)のみであったと断言している。しかしながら、かれらの信仰がいかにおろかなものであれ、以下のごとき美徳が厳に存在していたのである——「研究への熱心さ、祈禱への没入、貧民への慈悲深さ、神の御名と預言者と聖地への尊崇、立居振舞の厳粛さ、余所者への親切さ、余所者への融和と愛 *sollicitudo ad studium, devotio in oratione, misericordia ad pauperes, reverentia ad nomen Dei et prophetas et loca sancta, gravitas in moribus, affabilitas ad extraneos, concordia et amor ad suos*」がそれである。「かくのごとき背信の法において、かくのごとき完全な行為が見出せるなどおどろくべきことである。*obstupuimus quomodo in lege tantae per fidiae poterant opera tantae perfectionis inveniri.*」それについてするべきことは何も残っておらないようであった。(pp. 131 ff.)

(7) *Itinerarium Symeonis ab Hybernia ad Terram Sanctam*, ed. M. Esposito (*Scriptores Latini Hiberniae*, IV), 1960.

（8） *Liber Peregrinationis di Jacopo da Verone*, ed. U. Monneret de Villard, 1950.

（9） 同書一〇一―一〇六頁参照。「さてわたくしはマホメットのおそろしき法についてのべよう。そしてそれはまったくいまわしいものなので、わずかにとどめたい。*Nunc dicamus de scelerata lege Mahometi, et pauca cum sit omnino abominabilis.*」と序文で予告しているように、いやに詳しい、しかもまったく好意的でない、マホメットの法の解説である。

（10） アッコンの描写は、その一例として役立つ。「かつてそれが港であり、キリスト教徒の有益な住居であったことを思い出しながら、苦痛に満ち、歎きつつこの町に入った。しかしながら、今は破壊され、くずされ、蛇や野獣たちのすみかとなりはてている。*Dolens et gemens ipsam ingressus sum rememorans ipsam fuisse portum et utile habitaculum Christianorum, nunc autem dirupta et dejecta et sola habitatio serpentium et ferarum.*」塔や宮殿が残されているが、若干のサラセン人以外住む人とておらず、「かれらサラセン人は、キリスト教徒に対しては無慈悲で、残酷であった。*pessimi et crudeles contra Christianos.*（pp. 142 ff.）」商業が衰亡していくさまも、わたしが知るかぎり、どの本よりも、この本ほど生き生きと描き出しているものはない。

（11） *Ibid.*, p. 145.

（12） 背後でこの運動を左右した主要な霊感は、偉大なマジョルカ人、中世イスラーム研究のもっとも指導的な人物のひとり、ライムンドゥス・ルルス（一二三二頃―一三一五頃）からである。ほとんどあらゆる点において、かれは、本書で述べているよりも、はるかに大きい地位を与えられてしかるべきだ。しかしつぎの理由により、それをさしひかえたいと思う。というのは、二〇〇点以上の作品を生み出したルルスは、それ自体で独立した議論の対象になるし、またこの奔流のようなエネルギーの中に、わたくしは、一縷の狂気が感じられるように思われ、かれを公正に評価する自信がないからである。しかしながら、かれは、前代の合理的な体系づくりと希望に満ちた時期から、本章でのべている、一二九〇年以降の洞察の時期への変化を実によく体現している。ルルスは、まだキリスト教信仰を異教徒に合理的に証明してみせることができるとかたく信じていたので、ヨーロッパをとりまいている国々の言語習慣を、研究し、布教し続ける必要のあることをかたく信じていた。あらゆる面で、かれの態度は、ロジャー・ベーコンのそれと同じであった。しかしベーコンは、一二六八年以降沈黙してしまったのに対し、ルルスは、その後半生において、するどい語気で、失望をあらわにした。かれは努力をつみかさねるが、狂気の度を加え、問題の重大性が加わる一方、陰うつさもまし、かれの訴えに対する公式の反応も（ただひとつヴィエンヌでの成功という例外はあるにしても）つめたいものであった。タタール人がイスラム教に改宗するというおそれが現実になるまで、かれは生きていた。おそらくかれは殉教者として死を迎えた。かれは、また十三世紀後半から十四世紀初頭の、アヴェロエスに対する反抗を語気するどく攻撃した。ルルスはアヴェロエスをイスラーム哲学の化身とみなしていた。ヴィエンヌの公会議におけるルルスの影響を直接論じたものとして、B. Altaner, "Raymundus Lullus und der Sprachenkanon (can. 11) des Konzils von Vienne (1312)," *Historisches Jahrbuch*, LII, 1933, pp. 190–219参照。ルルスの生涯や著作については、*Histoire littéraire de la France*, XXIX, 1885, 1–386とM. C. Diaz y Diaz, *Index Scriptorum Latinorum medii aevi Hispanorum*, 1959, pp. 348–84参照。

（補注）ライムンドゥス・ルルスの生涯、作品、その影響は、今、若干の新刊本で論じられているようだ。そのうちでもとくにJ. N. Hillgarth, *Ramon Lull and Lullism in Fourteenth Century France*

(Oxford-Warburg Studies, Oxford, 1971) 参照。そこでは、イスラームの影響について、興味深い言及が多く見出せる。

(13) 聖トマスがアヴェロエスを打倒したというテーマは、十四世紀に、二、三絵にされている。そのうちもっとも有名なものは、一三六五年頃に描かれたピサ聖カタリナ教会にある「聖トマス・アクィナスの栄光」である。この絵は、R. Klibansky, *The Continuity of the Platonic Tradition during the Middle Ages,* 1939 その他で複製されている。一八五二年までさかのぼるが、ルナンは、アヴェロエスを評価する場合の芸術作品の持つ意味を見出し、この素材を追求していった。これは、かれのすばらしい業績であった（*Averroès et l'Averroïsme,* pp. 238-49)。

(14) わたくしが参照できなかった書物 E. Doutté, *Mahomet Cardinal,* 1899 で、この問題は論じられている。また G. Paris, *La Littérature française au moyen âge,* 3rd ed., 1905, pp. 243, 317 と *Romania,* XXXVII, 1908, p. 262 参照。

(15) M. Letts, *Sir John Mandeville: The Man and his Book,* 1949 参照。この空想と驚異譚の、地ならしは、すでにマルコ・ポーロによってなされていたことは注目すべきである。*Le Livre... où sont décrites les Merveilles du Monde*（世界の驚くべき話を描いた……本）には、息がとまるばかりの驚きと感嘆符がみられた。

(16) 西欧におけるこの戯言の歴史で、その初期をあつかったものに、M. Esposito, "Una manifestazione d'incredulità religiosa nel medioevo," *Archivio storico italiano,* ser. 7, XVI, 1931, pp. 3-38 参照。これは、イスラーム世界では、十世紀にまでさかのぼりうる。この戯言がフリードリヒ二世のものであるという有力な証拠もあるが、かれがイスラームの資料からこの戯言を引き出したことも疑いない。

この戯言が持つ雰囲気を示すもっとも興味深い証拠は、Matthew de Acquasparta, *Quaestiones Disputatae* に見出され、エスポジトの引用している次の文である。「法もなく、確固たる安定した信仰もなく、何を信じようとも、いかように生きようとも、もし慣習と相容れるならば、どんな信仰でも救いが得られるという人もいるが、それはまちがっている。……皇帝であり、全立法者をペテン師と断定したフリードリヒは、そのあやまりにおちいっていた。Erraverunt aliqui dicentes quod nulla est lex, nulla est fides firma aut stabilis, sed in omni secta quicquid credatur, quomodocumque vivatur, potest obtineri salus, dummodo non abhorreat a consuetudine...Istius erroris fuisse Fridericus, qui fuit imperator, qui omnes legislatores reputabat truffatores.」

(17) M. Esposito, "Les hérésies de Thomas Scotus," *Revue d'histoire ecclésiastique*, XXXIII, 1937, pp. 56–69.

(18) M. D. Knowles, "The Censured Opinions of Uthred of Boldon," *Proceedings of the British Academy*, XXXVIII, 1953. この論文三一五頁でノウルズ師は「確認できるかぎり、この見解は、ウスレッドの創意による主張であった。この見解ゆえに、かれは、教理史でしかるべき地位を与えられても当然である」とのべている。

(19) イスラム教についてウィクリフが言及している主要な著作はつぎの通り。1375年頃 *De Civili Dominio*; 1378, *De Ecclesia, De Veritate Sacrae Scripturae*; 1379, *De Officio Regis, De Potestate Papae, De Eucharistia, De Apostasia*; 1381, *De Blasphemia*; 1382, *Dialogus*; 1384, *Opus Evangelicum*. そのほかは執筆年代のわからない *Polemical Works* のなかに収録されている。*De Fundatione Sectarum*; *Cruciata*; *De Christo et suo Adversario Antichristo*. それに *Opera Minora* におさめられている *De*

Fide Catholica, De Vaticinatione seu Prophetia, Ad Argumenta emuli Veritatis がある。これら全著作は、ウィクリフ協会の出版物として公刊されている。以下で引用する文献は、この協会出版物のものである。

(20) アヴェロエスを引用しながら、ウィクリフはかれを「かつてマホメットの教団に属していたといわれている人 qui dicitur aliquando fuisse de secta Machometi」(*De Veritate Sacrae Scripturae*, p. 259) としている。

(21) *Ibid.*, pp. 250–51.

(22) この見解がのべられている文献としては、*De Civili Dominio*, iii, p. 74; *De Blasphemia*, p. 48; *De Christo et suo Adversario Antichristo* (*Polemical Works*), ii, p. 672 が挙げられる。

(23) *Dialogus*, p. 91.

(24) *De Christo et suo Adversario Antichristo* (*Polemical Works*), ii, p. 672; *Ad Argumenta emuli Veritatis* (*Opera Minora*), p. 290.

(25) *De Veritate Sacrae Scripturae*, pp. 266–67; *Opus Evangelicum*, i, p. 119 も参照。

(26) *De Ecclesia*, p. 517; *De Officio Regis*, p. 63; *De Fide Catholica* (*Opera Minora*), p. 184.

(27) *De Blasphemia*, p. 84; *De Potestate Papae*, p. 110; *De Fundatione Sectarum* (*Polemical Works*), i, p. 30.

(28) *De Veritate Sacrae Scripturae*, p. 261. この時点（一三七八年）ではまだウィクリフは、「慎重で、まじめな哲学者たち」を取り上げ議論をおさえこまれたイスラム教徒と、自由な議論が許されているキリスト教徒とを対比している。しかし後になると、かれにとっては、キリスト教会が実際にやっていることが、イスラームの場合とまるっきり変わらないように見えた。

(29) *De Eucharistia*, pp. 118, 157, 286.

(30) *De Blasphemia*, p. 275; *De Apostasia*, p. 67. ここでウィクリフは、イスラム教徒といえども、同時代の非宗教的な高位聖職者ほどには、正式にいっても異端 *regulariter heretici* ではないと主張している。*Opus Evangelicum*, i, pp. 417–18.

(31) ウィクリフは、西欧における王国間の戦争と、いわゆるキリスト教徒とサラセン人との戦争を同一レヴェルにおいている。

(32) *De Fide Catholica* (*Opera Minora*), p. 112.

(33) Thomas Gascoigne, *Loci e Libro Veritatum*, ed. J. E. Thorold Rogers, 1881, pp. 102-3. この引用文は、おそらく一四五〇年直後のものと思われる。

(34) セゴビアのホアンは一四〇〇年頃生まれる。一四四〇年反教皇フェリクス五世により枢機卿に選ばれ、一四五三年称号だけの、カエサリア大司教となる。一四五三年サヴォイのアイトン修道院に隠棲し、一四五八年五月亡くなる。ニコラウス・クザーヌスは一四〇一年生まれ、ニコラス五世により一四四八年枢機卿となり、一四六四年亡くなる。ジャン・ジェルマンは一四〇〇年頃生まれる。一四三〇年ネヴェール司教、金の羊毛教団初代管長。一四三六年シャロン・シュル・ソーヌ司教。一四六一年亡くなる。アエネアス・シルウィウスは、一四〇五年生まれ。一四三六―四〇年バーゼル公会議書記。一四四〇―四二年反教皇フェリクス五世書記。一四四七年トリエステ司教、一四五〇年シエナ司教、一四五六年枢機卿、一四五八年教皇、一四六四年亡くなる。

(35) とくに本題とかかわりあるかぎりの、かれの生涯の主要事蹟は、D. Cabanelas Rodriguez, *Juan*

de Segovia y ed problema islamica, 1952 に素描されている。ニコラウス・クザーヌスとの関係、それにイスラーム危機に対応するための、ホアンの提案に対するニコラウス・クザーヌスの返書などについては、R. Klibansky and H. Bascour, *Nicolai de Cusa De Pace Fidei* (*Mediaeval and Renaissance Studies*, III, Supplement), 1956 参照。

(36) *Historia gestorum generalis synodi Basiliensis*, *Monumenta Conciliorum generalium saec. XV*, vols. II-IV 所収。

(37) この翻訳自体は失なわれている。しかしセゴビアのホアンの目的やそのむずかしさを述べた序文が残されており、D. Cabanelas, *Juan de Segovia*, pp. 279-302 に印刷されている。

(38) Bascour 師、Klibansky 博士、M. T. d'Alverny 嬢のおかげで、セゴビアのホアンの書簡の現存四通の写本をマイクロフィルムの形で入手することができた。四通の写本とは、Salamanca University MSS, 19, pars ix, foll. 1-17, 55, foll. 126-56 と Vatican MS. Lat. 2923, foll. 4-35 と Paris, Bibl. Nat. MS. Lat. 3650, foll. 1-37 とである。この書簡の内容のリストと結論は、D. Cabanelas, pp. 303-10 に印刷されている。

(39) *Contraferentia* 闘論という言葉は、ほかの著者にはみつけられないようであるし、また conferentia という言葉が近代的な意味でつかわれている、中世の例もみあたらない。トルコ人によるロードス包囲を報ずる、ヨハネ騎士修道会長の書簡から、ドゥ・カンジュが引用した、近代的な意味にもっとも近い使い方でさえ conferentia armorum つまり「小ぜりあい」の意味でつかわれているようである。

(40) およそ一四三五年以来この問題へのかれの興味を記したものとして *Cribratio Alchoran*, Basel 版

1565, pp. 879-80 参照。

(41) *De Concordantia Catholica*, iii, 2, ed. G. Keller, 1959, pp. 328-37 でみられる歴史的な議論が、このすばらしい例である。そこには多くのことが見出されるであろう。

(42) *Epistula ad Joannem de Segovia*, in Klibansky and Bascour（上記注35参照), p. 97.

(43) 一五六五年バーゼル版では、八七九—九三二頁である。

(44) ジャン・ジェルマンについては、G. Doutrepont, *La Littérature française à la cour des Ducs de Bourgogne*, 1909 参照。この本では、かれの著作が論じられている。Ch. Schefer, "Le discours du voyage d'outremer au très victorieux roi Charles VII prononcé en 1452 par Jean Germain, évêque de Châlon," *Revue de l'Orient latin*, III, 1895, pp. 303-42.

(45) *Ibid.*, p. 342.

(46) 一四五五年十二月十八日付セゴビアのホアンの手紙は、D・カバネラス（上記注35参照)、三二五—三二八頁に印刷に付されている。十二月二十六日の返書は、三二九—三三〇頁に掲載。

(47) この書簡そのものは保存されていないようであるが、Vatican MS. Lat. 2923, foll. 40-136 にセゴビアのホアンの膨大な返書が保存されている。D・カバネラスの前掲書一九七—二二三頁で、それが分析されている。

(48) ジャン・ジェルマンは、一四五〇年に書いた *Dialogue of a Christian and a Saracen* の序文でこの点を指摘した（Schefer, p. 303, and Doutrepont, p. 247)。

(49) とくにかれの *Deux pans de la Tapisserie Chrétienne*, 1457 参照。ここで、かれは「忠実で戦闘的なキリスト教徒、巡礼や征服をめざす騎士が勝利に邁進しなければならない時の行いと礼儀」を描いている。
(50) セゴビアのホアンの、アエネアス・シルウィウスあて書簡は、D・カバネラス前掲書三四三—三四九頁に掲載。Vatican MS. Lat. 2923は、おそらくこの書簡にうながされて書かれた論文の写本であろう。同書二三二頁。
(51) 古い版のほかに、G. Toffanin, *Pio II: Lettera a Maometto II*, 1953に、この書簡の新版が掲載されている。以下の引用は、この新版による。
(52) Toffanin, p. 110.
(53) *Ibid.*, pp. 113-14.
(54) ここでは上掲書一二五—一二九頁の議論を要約するだけである。政治上の議論から宗教上の議論への移行は、実にすばらしい手並みでなされている。古代の支配者や哲学者を例につかい、この世のすばらしさと福音にある清貧との間のとほうもないギャップをうめる。要約では、この弁論技術のうまさをうまく再現できない。
(55) 偉大なる帝王よ、余は汝に二冊の帳簿が、汝の判定にゆだねられたとして、汝に問う。この帳簿の一方が他方より転写されたことは自明のこと。転写された原本には、「セムプロニウスは千タラントを負う」と記されているのに、写された方は「二千」となっている。とすれば、汝は、どちらを信用するか。写しより原本を信じないのか。……再び汝に問う。四冊の帳簿が四人の商人、それぞれセイウス、ガイウス、ティトゥスとセムプロニウスの下で創られた。そのうちセムプロニウスが創ったものには「貸方ルキウス百タラント」と書かれているのに、他の三つには「借方」とある。汝はどちらを信ずるや、答えやいかに。三つの方より一つの方をより信ずるというのかね。Quaerimus ex te,

magne princeps, si te iudice duo rationum codices afferantur, quorum alter ex altero transcriptus existat, et in eo de quo est facta transcriptio 'Sempronius mille debere talenta' scriptus est; in exemplari 'duo millia'. Cui potius fidem dabis? Aut non exemplo potius quam examplari? ...Rursus ex te quaerimus: quatuor inveniuntur rationum libri apud quatuor negotiatores, Seium, Gaium, Titium et Sempronium. In quo quem Sempronius producit 'creditor ipse Lucii in centum talentis' scriptus invenitur; in aliis 'debitor.' Cui credes? Quid respondebis? An non tres libros uni praeferres?（pp. 158–59）

（56） *Ibid.*, pp. 165–66.

（57） *Verlegung des Alcoran, Bruder Richardi Prediger Ordens, verdeutscht, durch D. Mar. Lu.*, Wittemberg, 1542. ルターの序文には、イスラーム研究が、この当時いかにみじめな状態であり、前世紀の仕事がいかに短命で、この時代にあまり影響をおよぼしていないかを示す、二、三葉の奇妙な図がある。かれはずっと昔リコルドの本を読んだが、このようなばからしいことを信じえたというこの本の主張には信はおけないとのべている。むしろ、かれは、これは教皇が創り出した迷信よりくる空想の、さらによい例と考えていただけである。かれは、コーランを読みたかったが、そのラテン語訳をみつけることができなかった。一五四二年四旬節直前の火曜日、翻訳を手に入れ、すぐにリコルドがのべていることは真実であることを知り、その結果リコルドの著作を独語に訳した。

（58） 「マホメット教徒は決して改宗されえないことも、またリコルドは証明している。その根拠として、マホメット教徒は頑固そのもので、われわれのほとんど全信仰箇条を、ばかげた、ありえないたわごととして、ののしり、嘲笑していることをあげている。Denn es bezeuget auch dieser Richard, das die Mahometischen nicht zu bekeren sind, aus der Ursache, sie sind so hart verstockt, das sie fast alle unsers Glaubens Artickel spotten und hönisch verlachen, als werens Nerrische, von unmöglichen dingen gewesche.」(fol. B)

(59)「故にわれわれは、トルコ・サラセン人には勝手にマホメットを信奉させておくほかあるまい。世の終りのまぎわまでに、神のいかりがかれらの上に下るのだから（聖パウロがユダヤ人についてのべているように）。われわれが、マホメットと一緒に罰せられないように、いかに幸せに、神の恩寵の下にとどまりうるかを考えておこう。Also müssen wir die Turcken Sarracenen mit irem Mahomet lassen faren, als über die der zorn Gottes, bis ans ende komen ist (wie S. Paulus von den Iüden sagt). Und dencken wie wir erhalten werden und bey Gottes gnaden bleiben mügen, damit wir nicht mit dem Mahmet verdampt werden.」(fol. Aiiii^{v})

(60)「そしてわたくしは、マホメットをアンチ・キリストとは考えない。かれはあまりに下品であるので。しかしわれわれのそばの教皇こそ正真正銘のアンチ・キリストであり、かれは高貴で、狡猾で、巧みにへつらう悪魔を持っている。この悪魔はキリスト教世界の内に鎮座しているのである。Und ich halt der Mahmet nicht fur den Endechrist. Er machts zu grob...Aber der Bapst bey uns ist der rechte Endechrist, der hat den hohen, subtilem, schönen gleissenden Teuffel. Der sitzt inwendig in der Christenheit.」(fol. X)

(61)「われわれは今マホメットつまりキリスト教圏の外敵に対し成功するためにも、あらかじめ悪魔とともに、内部の敵アンチ・キリストを拒絶しなければならないであろう。正しい贖罪を通して。Sollen wir nu gluck haben wider den Mahmet, den eusserlichen Feind der Christenheit, so werden wir zuvor müssen dem inwendigen Feinde, den Endechrist, mit seinem Teuffel absagen, durch rechtschaffene Busse...」(fol. Xiii)

(62) ウィクリフと同様に、ルターもまた中世に固有の諸制度の中に、西欧自体のイスラーム化を見てとっていた。「ところがわれわれキリスト教徒の下においても、何もよくはなっていない。というのは、わがコーラン、教会法、聖譚、大集成や無数の書物には嘘がみちているからである。そして誰も、これらがどこから来、何時はじまり、書き手が誰かなど、教えてくれない。Und zwar ists nicht viel besser bey uns Christen auch gangen. Denn da sind so viel Lugen in unsern Alcoranen, Descretalen, Lugenden, Summen und unzelichen Buchern, da doch niemand weis woher sie komen, wenn sie angefangen, wer die Meister seien.」(fol. V) 同じく、「万人の批判許されること能わず non potest omnium ratio reddi」(fol. Vv) にかこつけて、原典を研究することを拒否するという態度の中に、中世教会は、イスラム教との類似性を暴露していたのである。

訳者あとがき

歴史は、真理を語る独自の方法を持っている。無味乾燥でゆったりとした風格もない臨床心理学の報告書のように、自分の発見したものを提示することを歴史家に妨げているものは、文学からくる無味乾燥への反感ではなく、またこのような表現形式はねれた叙述より楽しくないだけではなく、――真実味が薄いという認識からである。スタイルは、科学する歴史家の芸術である。（ピーター・ゲイ著、拙訳『歴史の文体』ミルネヴァ書房、一九七七年、二九一頁）

一

わが国の歴史学界もようやく戦後三十数年の成果とそれを支えてきた方法論を反省する時期に入った。社会経済史一辺倒であった歴史学界からなんとか抜け出そうという動きが活発になってきた。そのうち目立ったひとつの動きとして、まず指摘されるのに、社会史への指向が挙げられよう。一九七九年九月『思想』での社会史の特集や、ほぼ時を同じくして『歴史評論』でも十月号で社会史の特集が組まれたことなど、その流れの波頭を飾るものである。

英国において、従来の国制史・政治史中心の歴史学界への反省がはじまったのは、一九四〇年代から五〇年代にかけて、ほぼ戦中より戦後にかけての時期であった。たとえば、D・ノウルズや、すこしあとで詳述する本訳書の原著者R・W・サザンによる民衆の宗教活動や信仰を中心にすえた研究分野の開拓、とくに後者の国制史批判が挙げられる。また、一九四二年のG・M・トレヴェリアンの『イギリス社会史』(邦訳、林健太郎訳『英国社会史』三巻、山川出版社、一九四九―五〇年、藤原浩・松浦高嶺訳、みすず書房、一九七一年、一巻、松浦高嶺・今井宏訳、二巻)も、これらと同根の動きであった。この『社会史』は、五年間に三九万二〇〇〇部も売れたと、著者自身が『自伝』で誇っているごとく、社会史という言葉を流行させ、社会史への関心をかきたてた功績は大きい。かれの高弟J・H・プラムが、珠玉のごとき、師の『小伝』をあらわし、「十四歳で学校を去り、それ以降堅い表紙の本などおそらく手にとってみたこともないような兵士が、昔冒険物語を読んだ時のように一心不乱にいかにも面白くてたまらない様子で読みながら、何時間も寝台に横たわっていた」と、『社会史』がよく読まれた様子を、スエズ運河地帯で軍務に服していた友人からの報告を通して伝えている。この著作は、同じくJ・H・プラムが述べているように、「一つの社会史であるばかりでなく、一つの社会現象で」あった（以上J・H・プラム著、大野真弓訳「G・M・トレヴェリアン」二五頁、G・M・トレヴェリアン著、大野真弓監訳『イギリス史』みすず書房、一九七三年所収）。一九五〇年代に入り、早くも単発的ではあるが、また別に著者自身がはっきりと社会史と銘打ったり、またそれを自覚したわけではないが、今日からみれば、十分に社会史としても分類できる、A・L・ラウスの『エリザベス女王の英国』（一九五一年）やR・W・サザンの『中世の形成』（一九五三年、邦訳、森岡敬一郎・池上忠弘訳、みすず書房、一九七八年）などの傑作があらわれた。五〇年代も中頃になると、J・H・プラムの編集になる、トレヴェリアン生誕八十年を記念する論文集、はっきりと社会史と銘打ち、方法論の上からも社会史を自覚した *Studies in Social History: A Tribute to G. M. Trevelyan*, 1955 が出版され、また、一九五七年より、S・S・Hとして現在でも親しまれている Studies in Social History 叢書が、H・パーキンにより編集出版されることになる。この五〇年代をスプリングボードとして、社会史は本格的に成立してくることとなった。R・W・サザンは、結果的にこの一翼を担っていたことになる。なお、H・パーキンは、H. P. R. Finberg (ed.), *Approaches to History, A Symposium*, 1962（邦訳、市川承八郎他訳『歴史へのアプローチ』創文社、一九六八年）の「社会史」の項目を担当し、社会史の推進主体となるとともに、一九六七年は、英国における最初の社会史の講座（ランカスター大学）の教授に就任するなど、社会史の展開に寄与すること大である。

一九六三年に出版されたE・P・トムスン『イギリス労働者階級の形成』Thompson, *The Making of the English Working Class*が、六八年に廉価版つまりペリカン版の千点記念として出版され、社会史は、その傑作をまたひとつ加えることになる。七〇年代になると、E・P・トムソンと同様マルクス主義の洗礼をうけた史家E・J・ホブズボウムに、「今や社会史は流行している」と吐かしめるほどに、社会史は流行することになる（E. J. Hobsbawm, From Social History to the History of Society, in M. W. Flinn and T. C. Smout, *Essays in Social History*, 1974, p. 1）。そして隆盛を迎えた社会史の研究成果の交通整理を行い、「社会史という言葉は、つねに定義しがたいものであった」と、方法論として社会史を自覚しながらも、その研究内容や方向は、各人各様であり、社会運動史を指している場合や、社会経済史の内の社会史に力点を置く場合や、すでに述べてきたG・M・トレヴェリアンのように、政治史ぬきの国民史のような場合もあると分類している。これについては、川北稔「社会史の方法」（樺山紘一編『歴史学』所収、日本評論社、一九七七年）に詳しい。この他に、H・パーキンやJ・H・プラムが唱導する「包括的な社会史」、つまり、「歴史の目的とは、人間を、個人の側面からと、その個人がこの時代の社会的な関連のなかにどのように組み込まれていたかという側面から理解すること」であり、「ここで社会的な」とは、「人間活動のすべて――つまり経済的、宗教的、政治的、芸術的、法的、軍事的、科学的な活動をすべて網羅しているという意味」であり（J. H. Plumb, *The Death of the Past*, 1969. 拙訳『過去の終焉』法律文化社、一九七五年、一二九頁）、また「この種の包括的な社会史は、一度にある一定期間のひとつの社会を取り扱うべきものであり――またそうしたときのみ、この社会史は可能である」（H. Perkin, *The Origins of Modern English Society, 1780–1880*, 1969, p. ix. S・S・H叢書）と、限定されたせまい意味の社会史をはみ出し、いわゆる全体史をめざした動きもあり、大陸との動き、とくにフランスのアナール学派の動きとからめて、興味深い。御多分にもれず、このように社会史もその概念の多様さになやむ。しかしこれは成長期特有の生命力の旺盛さを示す現象であり、かなしむべきではなく、むしろ喜ぶべきことといえようか。

社会史家は、自称・他称にかかわらず、社会史だけにおさまらない学者が多い。G・M・トレヴェリアンも「社会史」を流行させた張本人とはいえ、その枠をはみ出しているし、またA・L・ラウスも、またJ・H・プラムも、The History of Human Society 叢書の編集責任者になるなど、世界人類史・全体史を目ざしており、もちろんR・W・サザンも、このはみ出し組に入るであろう。というより、サザンの場合は、かれの研究の一部が社会史に入るというべきであろうか。

さて、ここで、もう一度、G・M・トレヴェリアンの社会史について、考えてみたい。かれの社会史が論ぜられる場合、「消極的に定義すれば、社会史とは政治を除外した一国民の歴史といってよかろう」（前掲、藤原・松浦訳書、一頁）という定義のみが引き合いに出され、かれの社会史は、政治史ぬきの国民史（H・パーキンしかり、E・J・ホブズボウムしかり）と断定され、かれが社会史をあえて提起したその歴史的背景が全く無視されてきたのである。じつは、かれは、右に述べたすぐあとで、「およそいかなる国民の歴史からも、政治を除外することはおそらく困難であろう。ことにイギリス人の場合はそうである。しかしきわめて多くの歴史書は、社会的環境にはわずかしか触れないで、ほとんど政治的年譜だけで出来あがっているのだから、逆の方法をとるのも、均衡を回復する上から必要であろう」（傍点筆者）と述べ、多分に意識的な「社会史」の設定であり、むしろどの種類の歴史も自由自在に書きうるというかれの才能の表明であったことがうかがえる。イギリスの、十九世紀末以来かれの時代までの史学界における政治史偏重への大胆な問題提起であったのだ。強いて推量をたくましくすれば、「歴史学は過去の政治学であり、政治学は現在の歴史学である」と断定したJ・シーリー教授、十九世紀後半のケンブリッジ大学歴史学部の総帥、科学的歴史学の名のもとに、G・M・トレヴェリアンの尊敬してやまぬT・カーライルやT・B・マコーレーを山師ときめつけたJ・シーリー教授への反撥を、かれの社会史設定に感じるのはうがちすぎであろうか。かれが書き上げた『社会史』の起点が、T・B・マコーレーの『英国史』第三章にあったことを考えれば、また一九〇三年、かれがケンブリッジ大学を去った遠因にJ・シーリー教授が求められるとすれば、なおさらのことである。この政治史または国制史、いいかえれば、国家ないしは公のものへの距離を歴史学のテーマの重要度を測る尺度とする考え方への反撥は、G・M・トレヴェリアンの学び教えたケンブリッジ大学だけではなく、オックスフォード大学においても燻っていた。G・M・トレヴェリアンは、はっきりと社会史と銘打って、その批判を試みたのだが、これをW・スタッブズ批判、かれが定立した国制史への批判という方向で表現したのが、R・W・サザンであった。かれの場合、社会史と自らの研究を呼ぶことはなかったし、また芸術品としての歴史叙述をめざす本来的な意味での歴史家であったが、かれの処女作、かれの名声を決定的にした『中世の形成』は、「終始一貫して社会史的な視点からヨーロッパ史にアプローチしようとして」（H・パーキン、谷和雄訳「社会史」、前掲、市川他訳書、八三頁）成功したものであり、社会史としても傑作であった。両者ともに、当時の政治史・国制史中心の歴史学界のあり方への反省から出発したことは、アナール学派の成立にみられるように、マルク・ブロックやL・フェーヴルが攻撃の対象としたのがソルボンヌを中心とした純粋に政治史や叙述的歴史であったことと軌を一にしており興味深い（F. Braudel, Foreword to *French Historical Method: The Annales Paradigm*, by T. Stoianovich, 1976, p. 11）。——またドイツにおける構造史、社会史も、伝統的なランケ政治史学への反省であることを考えあわせると、歴史学研究における方向転換は、全欧的な現象といえようか。

この政治史・国制史への批判の背景は、相対的に、西欧の政治的地位の低下に求められるであろう。イギリスのみに考察の対象を限定してみれば、この面がよくわかる。十九世紀ヴィクトリア朝に誇っていたイギリスの政治上の地位の低下が、大戦間より第二次大戦を通して決定的になったことへの、イギリス歴史学界における反応であったのであろう。

二

R・W・サザンは、一九一二年二月M・H・サザンの次男として、英国北部の町ニューカスル・アポン・タインに生まれる。同町のロイアル・グラマ・スクールを経て、オックスフォード大学ベイリオル・コレジに入学、三二年優等《ファースト》の成績で卒業。直ちにエクセタ－・コレジの特別研究員となり（三三―三七年）、そのあとベイリオル・コレジに、チュートリアル・フェロとして帰り、六一年まで、内五年間は軍務に従事する以外は、その地位にとどまる。六一年から六九年まで、チチリ記念近代史講座の担当教授となる。本講座は一八六二年に設定された名誉ある地位である。次いで同大学の聖ジョンズ・コレジの学寮長《プレジデント》となり現在に至る。これと平行して、王立歴史学協会の会長（六八―七二年）、セルデン協会の会長（六八―七二年）を務める。七四年には、騎士に叙任される。

その間、三三―三四年にはパリ大学に留学し、そこでフェルディナン・ロー教授のカロリング朝史のゼミナールに出席し、続いて三五年には、ミュンヘン大学に留学し、それぞれの学風を学ぶ。一九二九年から四七年までオックスフォード大学近代史欽定講座の担当者F・M・ポーウィックの高弟であり、教授として学生に中世史を講義し、ブリリアントな先生として名声を欲しいままにしている。十九世紀ロマン派詩人を思い出させるといわれるごとく、背が高く、端正な紳士である。

L・v・ランケ以来歴史家にとっては、歴史学は科学であり、専門職であることが理想とされているが、かれの場合は、これだけではあき足らず、とくにオックスフォードの伝統にのっとり、それ以外に、歴史叙述は、最高の芸術品でなければならぬという義務を課す。

そこで私はまず最初に、歴史家の第一の任務は芸術作品を作成することだと言明しましょう。私のいう芸術作品とは、そもそも美文で書かれた作品のことではありません。そうではなく、情緒的ならびに知的に満足を与える作品で、明晰な観念の一貫性と生き生きした詳細描写を兼ねそなえており、そして人々を描いては、彼らの行動をその環境と性格の枠内で理解できるようにする作品のことをいうのです。ということになれば、それはバルザックやトルストイのような作家の目的であると申せましょう。従って私は、小説家や詩人と同じように、歴史家は情緒的・知的要求を満足させることを目指さねばならない、と言うのです（R. W. Southern, Aspects of the European Tradition of Historical Writing, *Transactions of the Royal Historical Society*, vol. 20, 1970, p. 175. 邦訳、大江・佐藤・平田・渡部共訳『歴史叙述のヨーロッパ的伝統』創文社、一九七七年、六頁）。

王立歴史学協会の会長講演（一九六九年）のこの宣言で、かれの歴史叙述の理想がよく分かる。かれは文体を持った歴史家であったし、また詩人家肌の歴史家として最後の学者ではないかとの評判が高い。はっきりとオックスフォード大学の伝統にのっとった歴史家、本来的な意味の歴史家、知識人と同義にもなる歴史家といえよう。

ここで、かれの著書・史料集・論文等を挙げておこう。

著書・史料集

1. *The Making of the Middle Ages*（1953）森岡敬一郎・池上忠弘訳『中世の形成』みすず書房、一九七八年
2. The Shape and Substance of Academic History（1961, Inaugural Lecture）
3. *Eadmer's Vita Anselmi*（1962）
4. *Western Views of Islam in the Middle Ages*（1962）本訳書
5. *St Anselm and His Biographer*（1963）
6. *Memorials of St. Anselm*（1969）
7. *Medieval Humanism and Other Studies*（1970）
8. *Western Society and Church in the Middle Ages*（1970）
9. *Robert Grosseteste: The Growth of an English Mind in Medieval Europe*（1986, 2nd ed. 1992）
10. *St. Anselm: A Portrait in a Landscape*（1992）矢内義顕訳『カンタベリーのアンセルムス』知泉書館、二〇一五年
11. *Scholastic Humanism and the Unification of Europe*, Vol. I and Vol. II（1997, 2001）*History and Historians: Selected Papers of R. W. Southern*, edited by Robert

Bartlett（2004）

論文（7の論文集に収められたもの以外を挙げる）

1．St. Anselm and his English Pupils（*Medieval and Renaissance Studies*, vol. i, 1941–43）

2．The First Life of Edward the Confessor（*English Historical Review*, vol. 58, 1943）

3．Lanfranc of Bec and Berengar of Tours（*Studies in Medieval History presented to F. M. Powicke*, 1948）

4．A Note on the Text of 'Glanville,' De legibus et consuetudinibus regni Angliae（*Eng. Hist. Rev.*, vol. 65, 1950）

5．Exeter College（*Victoria History of Counties of England*, Oxfordshire, vol. III, 1954）

6．St. Anselm and Gilbert Crispin, Abbot of Westminster（*Med. and Ren. St.*, vol. 3, 1954）

7．The Canterbury Forgery（*Eng. Hist. Rev.*, vol. 73, 1958）

8．The English Origins of the 'Miracles of the Virgin'（*Med. and Ren. St.*, vol. 4, 1958）

9. England and the Continent in the Twelfth Century, I. II. III (*The Listener*, 1967. 4. 6; 4. 13; 4. 20)

10. Aspects of European Tradition of Historical Writing (*Transactions of the Royal Historical Society*, vols. 20-23, 1970-73) 大江・佐藤・平田・渡部共訳『歴史叙述のヨーロッパ的伝統』創文社、一九七七年

11. Dante and Islam (Derek Baker (ed.), *Relations between East and West in the Middle Ages*, 1973)

12. Master Vacarius and the Beginning of an English Academic Tradition (F. G. Alexander and M. T. Gibson, ed., *Medieval Learning and Literature*, 1976)

13. The Historical Experience (Rede Lecture, *Times Literary Supplement*, 1977. 6. 24)

これ以外に、*English Historical Review* などで、多数の書評があるが、それは略す。

*

R・W・サザンの文章は、無駄な句のない秀才の文章という趣があり、したがって冷たい感じがしないでもない。端正な英語とでもいおうか。また文章上の癖といおうか、歴史叙述の中に格言めいたことを鏤《ちりば》めたり、比喩を使って理解を助けることなどを好む。たと

えば、「知性による運動がもはやいかなる効用をも持たなくなった時に、その運動は、公の承認を受け、制度的な裏付けを保障されることに成功するのであります」（本訳書、一一三頁）など、官僚体制の仕事の遅さを皮肉った一例である。これは、たとえば古代のタキトゥスが、「廃墟となし、平和と称す」（Solitudinem faciunt, pacem appellant）等々、またギボンが格言ずきであるごとく、ヨーロッパの歴史叙述の特色であるとともに、歴史叙述を単なる専門研究とみなすだけでなく、有用な書物にしたいという、R・W・サザンの意図のあらわれであろう。また本書、『西欧中世における社会と教会』、『中世ヒューマニズム研究その他』にみられるように、発展を三段階に分けて考えようとする癖がみられる。かれの歴史思考の特徴のひとつであろう。

戦後日本におけるイギリス中世史研究の特徴としていえることは、その研究の視野を、英国のみに限定し、英国外世界への広がりをそぎおとしてしまうことにあった。したがって、本書のR・W・サザンや、ケンブリッジ大学の中世史の総帥W・ウルマンなど、広い守備範囲の歴史家の成果が、うまく消化しきれなかった。ここ数年の間に二点もサザンの業績が日本語に移されたことは、わが国における歴史研究の流れの変化を示すものであり、歓迎すべきことといえよう。かれの代表作『中世の形成』や『西欧中世における社会と教会』や本書のように、R・W・サザンの視野の広さには、定評がある。ヨーロッパ全域を掌におさめるだけではなく、ビザンツ世界はいうまでもなく、本書のごとく、イスラーム世界、モンゴル帝国の動きにまで心を配るスケールの大きさは、ともすれば微に入り細を穿ちがちなわれわれ現在の歴史家にとって、頂門の一針となるであろう。蟻があくせく働き、結果蟻が持つくらいのヴィジョンしかもてないと揶揄される有様になったわれわれの大きい反省材料となろう。時間の長さ、空間の広さは十分であり、しかも学問的水準もおとさず、一般向きのする作品であった。もちろん他方では、聖アンセルムスやその周辺に関する克明な、詳細な、史料批判の厳正な研究もあり、多彩な才能の持主といえよう。

かれの処女作で、しかもこの第一作で第一級の歴史家と折紙のつけられた『中世の形成』が評判になった理由のひとつは、文章のうまさや対象になった事柄の斬新さや切りこみの深さや生き生きとした内容もさることながら、かれの叙述が、強烈な現代的関心に裏付けられていることにも求められよう。十世紀後半より十三世紀初頭にいたる西「ヨーロッパの境界の安定化、政治的秩序の緩慢な回復、経済的活動の空前の促進は、それ自体においてこれまでの趨勢の無言の逆転であるばかりでなく、それらはまた思想と感情における、また聖俗双方の目的のための社会的方向におけるさらに一層目に見えぬ重大な変化を可能にした条件でもあった。これらすべての諸結果は、今日でもわれわれと共にある。イングランドでは、ほかのどこの国にもまして直接的にこれらの諸変化の衝撃が感じられるであろうし、またずっと劇的に日常生活の構造の中にこれら諸変化の影響を識別できるであろう」(森岡・池上、前掲訳書、四、五頁、傍点筆者)。また本訳書の執筆というか、六一年四月のハーバード大学での講演の、動機の背景にも、あきらかに現代的関心、つまり、米ソ対立、その数年前より生じてきた中ソ対立などにみられる平和への危機感がみられる。つまり前年六〇年五月には、U2機問題でパリ首脳会談が流産し、六一年始めには米キューバ関係が悪化し、米によるキューバ侵攻作戦が実行にうつされるなど、世界平和への危機が強く意識された時期であった。これらの緊迫した国際状勢を念頭に入れて、本書は、語られ、執筆されたものであった。中世のキリスト教徒は「時代的な背景はちがっておりますが、何から何まで現在のわたくしたちにもなじみの問題に立ち向かっていたのです」(本訳書、一五頁)という指摘をまつまでもない。R・W・サザンは、セゴビアのホアンに多くの頁数をさくことで、相互理解と「話し合い」による緊張緩和への願いを投影させているように読めるのだが、これは筆者の読み込みすぎであろうか。同様のことは、論文集『中世ヒューマニズム研究その他』所収の論文「英国最初のヨーロッパ入り」にもみられる。これは、一九六六年ロンドン大学の講演であり、この当時英国を騒然とさせていた英国のEC加入問題を念頭においての発言であったたし、翌年の「十二世紀における英国と大陸」なるBBC放送も、一〇六六年英国の最初のヨーロッパ入りは、征服によってもたらされ、膨大な損害を伴ったものであったけれども、大方は有益なものであったと思います。わたくしがこのお話で明らかにしたいことは、この結合の結果生まれる複雑な反作用を描き、それが良いのか悪いのかの決定は聴衆の皆様にまかせることです。(*The Listener*, 1967.4.6)

とあるごとく、かれの歴史学の発想のひとつに現代的関心がひそんでいたのである。もちろん、これによってかれの歴史叙述が薄っぺらなものになったわけではない。かれは広く、英国中世記述史料集『ロルズ・シリーズ』やドイツの『M・G・H』、さらには、浩瀚な、ミニューの『ラテン教父集』など深く渉猟し、これを立論の基礎にすえるなど、手堅い手法をつかっていることはいうまでもない。

*

ここで、さきほど指摘だけしておいた、サザンの「国制史」批判を少しくわしく紹介し、かれの歴史学の本質にせまってみたい。

かれが、国制史、とくにW・スタッブズの国制史を全面的に批判したのは、一九六一年チチリ記念講座教授就任講演《The Shape and Substance of Academic History》においてであった。

一九世紀の後半、一八六六年オックスフォード大学の近代史の欽定講座の担当教授に、牧師であり、またそれまで無名のW・スタッブズが抜擢された。かれは、それまでの牧師時代に独習で身につけた原典史料批判の方法を縦横に駆使し、その当時の英国の歴史学を牛耳っていたT・B・マコーレーやA・フルードなどの歴史叙述を克服し、英国に、学問としてふさわしい、専門家による専門職としての歴史学、つまり近代的な歴史学を、ここオックスフォード大学に植え付けた。その結果が、一八七〇年の『英国国制史史料選』*Select Charters of Constitutional History of England* であり、一八七三年その第一巻が出版された『英国中世国制史』*Constitutional History of England in its Origin and Developments* であった。七五年には第二巻、七八年には第三巻が出され、当時ヴィクトリア朝期の議会政治、立憲君主制の黄金時代を謳歌していた英国に、大いに歓迎されることとなった。自由党の宰相グラドストンにとっても、この保守主義者のW・スタッブズは歴史学の第一級の権威であった。これ以降学問としての歴史学にふさわしく、かつ有益なテーマは国制史以外には見出されないと、大学のカリキュラムの上でも固定されることになった。その影響と残滓は、一九五〇年頃まで続くのである。かれの『国制史』は、学生の必読の書であったし、またかれの『史料選』は、歴史学徒の聖書とまでみなされた。このスタッブズ崇拝は、J・G・エドワーズ（Edwards, *William Stubbs*, 1952）で代表されるように、オックスフォード大学ではもちろんのこと、H・キャムのスタッブズ讃歌（H. Cam, Stubbs Seventy Years After, *The Cambridge Historical Journal*, 1948）に明瞭にみられるごとく、ケンブリッジ大学においても検出されうる。

この国制史の隆盛、そして大学のカリキュラムや卒業試験への固定化は、R・W・サザンにとっては、公のことに関係のない人間の経験の諸々の部分を歴史学の研究テーマから切りすててしまうという代価をはらわせることにしただけではなく、十九世紀初めより豊かなる成果が約束されていた芸術や建築、典礼や信仰への関心の芽を無残にもかりとってしまう結果をもたらしたものと映ったのである。「歴史上の、制度や政治に関連のないことはすべて無視するという態度ほど、十九世紀後半のオックスフォード大学の歴史家に目立ったことはない」（*The Shape and Substance of Academic History*, p. 21）と、「国制史」以外は歴史研究のテーマにはなりえない、英国の歴史学界の体質に不満を投げている。

また一九六九年の王立歴史学協会での講演でも、

近代歴史学の創始者たちは、証拠の型式と歴史家の研究目的にふさわしいと考える主題の型式とをたいへん厳しく選択いたしました。そして彼らは歴史の適正な書き方がただ一つしかないと考えがちでした。彼らは思考力と感情を持つ生き物としての人間よりも、社会的政治的動物としての人間にはるかに多くの関心を抱きました。少なくとも私には、そのような彼らの力点の置き場所は間違っていたと思われます。（前掲、大江他訳書、五頁）

と、国制史を生きた人間不在の歴史と批判している。このように国制史、政治史の跋扈の傾向が一九五〇年頃までの英国史学界の雰囲気であり、G・M・トレヴェリアンの「社会史」宣言をひき出し、R・W・サザンの国制史批判を生み出した。

これに対し、サザンが新しく研究すべき分野として具体的に列挙しているのは、過去の豊かな鉱床をなす、人びとの物の考え方や幻影、風潮や情緒、それに信仰などの分野であるが、もちろんこれだけにとどまることなく、オックスフォード大学に芸術、科学、中世哲学のポストが新設されたことを喜ぶ態度にも、新しいオリエント研究所や社会人類学研究所での研究成果など、従来の歴史学の中心にどっかりと胡座をかいた国制史の周辺部分における新しい研究のめざましい発展に注目していることにも、また「アシュモリアン博物館の施設がととのい、百年まえでは、まったく夢想だにしなかった寄与をわれわれの研究にはたしてくれる」とのべているなかにも、R・W・サザンの研究方向が奈辺にあるかがよく示されている（*The Shape and Substance of Academic History*, p. 23）。

もちろん、かれは、国制史を、これですっぱり放棄してしまうことを主張しているのではない。国制史は、かれの追求する研究分野の準備または背景として重要であるが、国制史、政治史一辺倒はいただけぬと主張していることをつけ加えておこう。

このように、R・W・サザンの歴史学は、W・スタッブズの敷いた厳正な史料批判に基づく近代歴史学の線上にありながら、国制史一辺倒からの脱皮、政治史、制度史から離れて、生きた人間を対象にすえ、人間の幻影、情緒、信仰や物の考え方、また社会人類学の成果も組みこむ、情感豊かな研究を提示した。この哲学に基づき、描きあげたものが、『中世の形成』であり、西欧人の心に映ったイスラーム像、マホメット像の変遷を描いた本書であった。筆者にいわしめれば、これはまさに社会史が対象とする分野であり、現代はやりの全体史と通じるところである。

三

本訳書は、R. W. Southern, *Western Views of Islam in the Middle Ages*, Harvard University Press, Cambridge, Massachusetts, 1962の全訳である。序文にもあるように、一九六一年春ハーバード大学に招かれ、そこで行った講演を書物にしたものである。訳文を講演調にしたのもそのためである。これも序文にある通り、N・ダニエル博士の『イスラームと西欧』（一九六〇）Daniel, *Islam and the West* が契機となって、本書は成立した。N・ダニエルの書物は、四四八頁にわたる大作であり、一一〇〇年から一三五〇年までの、限定された期間における、宗教問題を中心とした、西欧におけるイスラーム観の形成を詳細に論じたものであり、これを前後左右に拡大し、明快に、簡潔に、しかも学問的高さを保ちつつ書き上げたものが本書である。前記N・ダニエルの書物やJ・クリチェク『ペトルス尊者とイスラーム』（一九六四）Kritzeck, *Peter the Venerable and Islam* 以外、簡単な紹介のほかはまだ類書はみない。一九七八年には、ペーパーバックで、再版が出されており、原書が入手しやすくなった。イスラーム世界が西欧に与えた影響に関しては、中世初期経済の分野に限定されてのことだが、一九三七年のH・ピレンヌの研究以来盛んである。またアラブ世界と西欧世界の関係を全面的に扱ったものとしては、N. Daniel, *The Arabs and Medieval Europe*, London, 1975 や W. M. Watt, *The Influence of Islam on Medieval Europe*, Edinburgh, 1972 があるが、本書のような概説書はまだ出されていない。

本書は、『中世の形成』の第一章の延長上に位置づけられることはいうまでもない。この種の研究の標準的な研究といえよう。しかし、本書に関して、批判がないでもなく、またサザン自身による若干の修正も行われている。つぎにそれを簡単に紹介しておこう。

そのひとつは、イスラーム観の変遷における第一期「無知の時代」から第二期「理性と希望の世紀」をわける、サザンが一応一一二〇年と措定している年に関してである（本訳書、六一頁）。サザンは、この証拠として、マームズベリのウィリアムを挙げているが、かれのイスラームやマホメットの知識の出所をさぐることにより、かれの知識が必ずしも独創的なものでないことを暗示したものである（R. M. Thomson, William of Malmesbury and Some Other Western Writers on Islam, in P. M. Clogan (ed.), *Medievalia et Humanistica*, No. 6. 1975, pp. 179–87）。

その第二は、第二期から第三期「洞察の時」を区分する、かれがとりあえず一二九一年と設定している年の是非（本訳書、一〇九頁）に関するものである。じつは、一三〇〇年にたまたま、ボニファティウス八世の一三〇〇年聖年祭時の予想外のローマへの巡礼の大流行とモンゴル人の汗《カン》カザンによる聖地回復のニュースとが奇妙に重なり、いずれこの汗がイスラームより回復した聖地をキリスト教に返すであろうという噂となり、全欧中が大いに沸き立った事件があった。このニュースは、多くの年代記に記載されており、またこのニュースに接したライムンドゥス・ルルスは、一三〇一年このニュースの真偽を確かめるべく、キプロスまでおもむき、結局虚報であることをみつけ出している。このように一三〇〇年においても、ヨーロッパは、希望の中に漂っていたことになったわけである(Sylvia Schein, Gesta Dei per Mongolos 1300, *Eng. Hist. Rev.*, 1979, pp. 805–19)。

また、S・ランシマンによれば、本書には、シチリアのノルマン王朝がぽっかりと抜けていることが指摘されているし、ムスリムをハガルの後胤とした最初の人物をベーダとしているのに対し、これは、この当時イタリアではすでに常識になっていたことが指摘されている(S. Runciman, Book Review, *Speculum*, 1963, p. 506)。しかし、あれがない、これがないという批判は、多くの事実を、このようなコンパクトな型に盛り切った本書にはあたらないというS・ランシマン自身の評価に、筆者も賛意を表したい。事実の多さは、そのまま作品の質とは直結しない。

かれ自身の修正は、ダンテに対するイスラム教の影響に関してであり、その影響に本書より低い評価を与えている(*Dante and Islam*, pp. 133–45)。

このような訂正個所があるとはいえ本書が提示した時期区分は、まだ生きており、本書が標準的なかつ基本的な文献であることには変わりがない。

なお、本訳書の底本とした初版と再版の間に本文の異同が若干ある。たとえば、初版四五頁の上より九行目 if not of reason(本訳書、七五頁四行目)や一〇四頁下九行目の since the barbarian invasion over a thousand years earlier（本訳書、一五六頁九行目）などが再版ではけずられている。また再版には若干の補注がつけ加えられていることも異なるところである。本訳書では、再版の補注をも訳出しておいた。

＊

固有名詞の表記は常識に従った。引用文ですでに訳本のあるものは、すべて引用させていただいたが、本訳書の文体を統一させるため、若干の手直しをした部分がある。お礼とともにおことわりしておきたい。

なお最後になったが、本書を訳出するにあたり京都大学文学部教授越智武臣先生のお世話になった。ここに感謝の意を表したい。原稿の清書については、いつもの通り妻和子の手をわずらわした。

一九八〇年　正月

高槻　牛涎書屋ニテ

鈴木利章

〔追記〕　サザンの訳書、大江・佐藤・平田・渡部訳『歴史叙述のヨーロッパ的伝統』や森岡・池上訳『中世の形成』にそれぞれ立派な「訳者あとがき」がある。本あとがきを書く上で参考にさせていただいた。この場をかりてお礼申し上げるしだいである。

文庫版訳者あとがき

本訳書は、一九八〇年に岩波書店から刊行されたもので、このたび、ちくま学芸文庫にて再刊されることになった。これにあたり、いくつか変更を行ったことを記しておきたい。まず、著者名を「サザン」、書名を「ヨーロッパとイスラーム世界」とした。原音や現代における一般性を考慮してのことである。その他、固有名詞も同様に改めた。また、岩波書店版の訳者あとがきでは、サザンの著書は、一九七〇年までしか記載されておらず、本文庫版では、その後に刊行された作品を付加した。
サザンは二〇〇一年二月にオックスフォードで亡くなった。

このたびの文庫版では、東京大学の山本芳久氏より優れた解説を頂戴した。より完璧な訳本を求めての貴重な御助言もいただいた。心より感謝申し上げる。

二〇一九年十月

鈴木利章

解説　キリスト教とイスラム教の相互理解の原点

山本　芳久

本書は、比較的短めの著作であるにもかかわらず、非常に密度が濃く、ヨーロッパとイスラーム世界との関係に関心のある読者にとっては、他の本からは得ることのできないとても豊かな歴史的見通しと知識を与えてくれる良書である。現今の世界情勢のなかにどのように位置づけて本書を読み解けばよいのか、そのための手助けとなるヒントを以下において提供することによって、解説の任を果たしたい。

「文明の衝突?」

サザン『ヨーロッパとイスラーム世界』は、ヨーロッパ（キリスト教世界）とイスラーム世界との関係について歴史的に考察するための必読書である。二〇〇一年九月十一日の同時多発テロ以来、「ヨーロッパ」「西欧」「欧米」「キリスト教世界」と「イスラーム世界」との衝突・確執ないし対話・共存をめぐって、実に多数の書物が著されてきた。

キリスト教世界とイスラーム世界の共存の可能性と不可能性をめぐる論争の一つの焦点

となったのは、サミュエル・ハンチントン『文明の衝突』(鈴木主税訳、集英社文庫、二〇一七年)であった。一九九六年に刊行された同書は、冷戦終結後の世界秩序の動向を見定めるための書物として、刊行以来、強い注目を集めていた。今後の世界情勢は、共産主義と資本主義との対立ではなく、異なる文明圏の間の衝突・確執が軸となると主張したハンチントン(一九二七―二〇〇八)の見解は、「冷戦」という軸に変わる新たな軸を国際政治に与えるものとして注目されるとともに、相異なる文明の間の対立を煽り立てるものとして批判の対象ともなったのである。

同時多発テロが起こると、「文明の衝突」をめぐる論争は加速度的に加熱していった。たとえば、フランスの哲学者であるマルク・クレポン(一九六二―)は、『文明の衝突という欺瞞』(白石嘉治訳、新評論、二〇〇三年)において次のように述べている。

テロが目的としていたのは(そして今後も目的とするのは)、世界を両極化した状態にすることである。すなわち、一方に西洋、他方にイスラム社会があり、この両者は和解しえない敵同士と見なされるのである。

こうした状況のもとで『文明の衝突』で述べられた理論に同意することは、テロリズムによって仕掛けられた罠にまっ逆さまに落ちることにほかならない。というのも、文明の衝突論とテロは、敵というものについてまったく同じ考え方をしているからである

（九六頁、訳文一部変更）。

ハンチントンのように、「西洋文明」と「イスラーム文明」との対立を固定した仕方で捉えることは、世界において実際に起こっている事実を客観的に捉えることではなく、むしろ、「西洋文明」と「イスラーム文明」の対立を煽り立てる言語行為にほかならないとクレポンは批判している。そして、それは、皮肉なことにも、「西洋文明」と「イスラーム文明」との対立を煽り立てる暴力行為に従事しているテロリストを利するものにもなってしまっているとクレポンは指摘しているのである。

現代において、とりわけ同時多発テロを契機として「西洋文明」と「イスラーム文明」との対立が強まっているということが本当のことだとしても、それは、多様な政治的・経済的・文化的要因の積み重ねによって生じてきている一つの状況や局面にほかならないのであって、「西洋文明」と「イスラーム文明」が本質的・原理的に、常に必然的に対立せざるをえないということではない。安易な「文明の衝突」論は、「西洋文明」と「イスラーム文明」との相互関係の捉え方を硬直化させてしまう危険があるのである。

同様の指摘は、文化人類学者のタラル・アサド（一九三三―）によって、次のような仕方で為されてもいる。

文明の衝突という議論の問題点の一つは、キリスト教徒、ユダヤ教徒、ムスリムの三者の間での相互貸借関係や連続的な相互作用の豊かな歴史を無視していることである。（『自爆テロ』苅田真司訳、青土社、二〇〇八年、二二五頁）

キリスト教文明とイスラーム文明は、互いに孤立し対立したまま、交流の窓を閉ざしてきたのではない。それどころか、両文明のあいだには、「相互貸借関係や連続的な相互作用の豊かな歴史」がある、とアサドは主張しているのである。

ハンチントンが「文明の衝突」に関わる論考を最初に発表したのは、『文明の衝突』という書籍の形においてではなかった。もともとは、雑誌『フォーリン・アフェアーズ（*Foreign Affairs*）』の一九九三年夏号に"The Clash of Civilizations?"（「文明の衝突?」）というタイトルで発表されたものであった。ハンチントン自身、最初から諸文明の衝突について断言していたのではなく、疑問符つきで、より柔軟な仕方で考察しようとしていたことが、このような事実からも見受けられる。

キリスト教文明とイスラーム文明との関係は、単なる「衝突」や「確執」の歴史ではない。そこには、「相互貸借関係や連続的な相互作用の豊かな歴史」がある。そうした仕方で両文明の関係を捉えなおすための必読書の一つが、両文明の関わり合いをその原点に遡って歴史的に分析したサザン『ヨーロッパとイスラーム世界』なのである。

「一神教」は悪の根源か

読者が本書の意義を的確に理解することができるための前提として、我が国において広く流布している一つの言説を批判的に紹介しておきたい。それは、キリスト教であれ、イスラム教であれ、ユダヤ教であれ、一神教というものはそもそも不寛容であり、日本の多神教的・汎神論的な文化のうちにこそ、文明の共存の原理があるというような類の言説である。

たとえば、仏教学者である定方晟《さだかたあきら》は、『憎悪の宗教：ユダヤ・キリスト・イスラム教と「聖なる憎悪」』（洋泉社、二〇〇五年）の冒頭において、次のように述べている。

この本は『憎悪の宗教』という表題でユダヤ教、キリスト教、イスラム教を取り上げる。この三宗教は憎悪の精神を信仰のエネルギーとしていることを明らかにしよう。（三頁）

信徒の数を合計すれば人類の過半数ともなる三大一神教を一括して「憎悪の宗教」と呼ぶのは、かなり大胆な言説であるが、一神教は不寛容であり、日本的な多神教や汎神論にこそ、人類共存の精神が見出されるというような見解は、我が国の多くの「知識人」によって展開されている。また、政治家やテレビのコメンテーターなどから類似した発言が口にされることもしばしばある。

だが、一神教の「不寛容さ」や「排他性」を一方的に批判するこうした言説は、それ自体が不寛容であり、排他的であり、一神教についてのバランスの取れた理解を与えるものではない。

安易な「文明の衝突」論でもなく、日本国内でしか通用しない自文化礼讃型の一神教「批判」でもなく、また、単に相対主義的な仕方で、キリスト教にもイスラム教にも善い面もあれば悪い面もあるといった表層的な理解ですませることもせずに、キリスト教を軸としたヨーロッパ世界とイスラーム世界との関係を、中世におけるその原点にまで遡って分析するための大きな手がかりを与えてくれるのが、サザン『ヨーロッパとイスラーム世界』なのである。

三つの時代区分

本書において、サザンは、ヨーロッパ中世のイスラーム観を、三つの時期に分けて考察している。すなわち、第1講「無知の時代 (the age of ignorance)」、第2講「理性と希望の世紀 (the century of reason and hope)」、第3講「洞察の時 (the moment of vision)」である。おおよその時代区分では、「無知の時代」は、イスラームの誕生から十二世紀の半ばまで、「理性と希望の世紀」は十二世紀の半ばから十三世紀末まで、「洞察の時」は、十三世紀末から十五世紀半ばまでである。

イスラム教に対する純粋な無知、そして、キリスト教の聖典である聖書に基づいて一方的にイスラム教を解釈しようという傲慢な姿勢の見られた「無知の時代」から始まり、イスラム教の聖典であるクルアーンを翻訳し、より理性的な仕方で他者であるイスラム教を理解したりキリスト教に改宗させたりすることが可能だという楽観的な見通しの垣間見られた「理性と希望の世紀」を経て、楽観的な見通しの破れた失望と挫折を基調としつつも、一部の優れた思想家による優れた「洞察」が生み出された「洞察の時」。中世ヨーロッパのイスラーム観という、我が国においては一般にはほとんど馴染みのないテーマについて、サザンのこの書物は、実に鮮やかな見通しを与えてくれる。

だが、この書物の魅力は、こうした巨視的な見通しの鮮やかさのみにあるのではない。簡潔な筆致で次々に紹介される西洋中世の多様な思想家のイスラーム観についての微視的な記述のうちにこそ、本書の魅力が見出される。短い紙幅のうちに極めて多くの情報を盛り込んだ著作であるために、詳しい説明が省かれている部分が散見するので、その中でも最も興味深い一人の人物について少しだけ詳しく紹介しなおしてみよう。

る。

ダマスコスのヨアンネス

その人物についての記述は、第2講「理性と希望の世紀」の冒頭に近い部分に見出される。

西欧でもすでに知られるようになっておりました偉大なギリシア人の先達ダマスコスのヨアンネス〔六七五頃―七四九頃、シリア生まれの修道士〕と同じように、ペトルス尊者も、イスラム教をキリスト教異端、しかも最後で最大の異端とおさえ、正統側がそれをうまく論破し得なかったただひとつの異端と考えておりました。(六五頁)

この引用文は、ラテン・キリスト教世界におけるイスラム教との知的格闘の先駆者である尊者ペトルスの活動について詳しく述べられている文脈の中に置かれており、「ダマスコスのヨアンネス」については、ごく簡単に言及されているに過ぎない。あまりにもさらりとした言及なので、キリスト教思想史についての詳しい知識がないと、たいして重要ではない情報だと思って読み過ごしてしまうかもしれない。だが、ダマスコスのヨアンネスについての言及は、極めて重要である。

古代においてキリスト教の教えの基礎を形作った人物のことを「教父」と言うが、ダマスコスのヨアンネスは、ギリシア語で著作を残しているギリシア教父の最後に位置づけられる人物である。彼は、シリアのダマスコスにおいてアラブ人キリスト教徒の子として生まれ、キリスト教とイスラム教の接点において活動した。ヨアンネスの主著である『知識の泉』は、ギリシア教父の教えを集大成した書物として現代に至るまで多大な影響を及ぼし続けている。この著作の第三部は『正統信仰論（*De fide orthodoxa*）』というタイトルでラテン語に翻訳され、トマス・アクィナスをはじめとする西洋中世のスコラ哲学者たちに多大な影響を与えた。

『知識の泉』の第二部は異端論になっているが、その中にキリスト教の「異端」として紹介されているものの一つに「イシュマエル派」というものがある。「イシュマエル派」とは、実は、アブラハムの息子である「イスマーイール」を重視するイスラム教のことにほかならず、ヨアンネスがイスラム教をキリスト教の「異端」として位置づけているのは、極めて興味深い事実である。

キリスト教に関わる書物を読むさいに気をつけなければならない点の一つは、「異端」と「異教」との区別である。「異端」という言葉は「正統」という言葉との対において使用される言葉であり、「キリスト教」を名乗ってはいるが、何らかの点において一面的で偏頗な考え方を有しており、正統的なキリスト教から、真にキリスト教とは見なされえないという烙印を押された集団のことを指す。それに対して、「異教」とは、文字通りキリスト教とは「異なる」「教え」のことであり、仏教やヒンズー教のように、キリスト教とはもともと異なる宗教のことを指す。

　ヨアンネスが「イシュマエル派」をキリスト教の「異端」として位置づけているということが意味しているのは、単にヨアンネスの知識が不足していたということのみではない。実は、複数の宗教間の境界というのは通常思われているよりも曖昧なものであり、「キリスト教」と「イスラム教」を明確に区別して対立させるのみでは見えなくなってしまう微妙な相互浸透や相互影響、絶妙な重なり合いと相違が同居しているのが両宗教の関係の真相だという事実を、「イシュマエル派」についてのヨアンネスの記述は指し示しており、サザンは極めて凝縮した筆致でヨアンネスによるそのような理解を紹介しているのである。

　このように、紙幅の関係で、サザンは本書において詳しい説明を加えることはせずにごく簡単な記述に留めつつ重要な歴史的事実を紹介していることがしばしばある。このことは、一概に本書の欠点とは言えない。積極的に捉えなおすならば、キリスト教とイスラム教の関係について関心を持った読者が更に詳しく調べるための豊富な材料を本書のあらゆる箇所にサザンは散りばめてくれているとも言えるのである。その意味においても、本書は、豊かな「注」を含め、細部にわたるまで繰り返し再読するに値する名著と言えよう。

更なる読書のために

　サザン『ヨーロッパとイスラーム世界』から刺激を受け、このテーマに関して更に知見を深めたい読者におすすめしたい書物を最後に挙げておきたい。第一におすすめしたいのは、カトリック神学者であるL・ハーゲマンによる『キリスト教とイスラーム　対話への歩み』（八巻和彦・矢内義顕訳、知泉書館、二〇〇三年）である。歴史家であるサザンとは異なり、神学者であるハーゲマンは、自らの専門を生かして、尊者ペトルス、トマス・アクィナス、ライムンドゥス・ルルス、クザーヌス、ルターなどの神学者たちのイスラーム観についての考察を、これらの人物のこした著作を詳細に神学的に分析することを通じて展開している。歴史により重点を置いたサザンの著作と補い合う好著である。

次に紹介したいのは、新約聖書学者であるヨアヒム・グニルカによる『聖書とコーラン──どこが同じで、どこが違うか』（矢内義顕訳、教文館、二〇一二年）、および『コーランの中のキリスト教──その足跡を追って』（矢内義顕訳、教文館、二〇一三年）である。ハーゲマンの著作は、サザンの著作と同様に、キリスト教世界におけるイスラーム観の変容を年代順に追っていくものであるのに対し、グニルカの二つの著作は、聖書とクルアーンにおける神観、イエス・キリスト論、人間論を体系的に比較するものである。歴史的な事柄のみではなく、神学的・比較宗教的な事柄により関心のある読者にとっては、非常に得るところの多い著作である。

このように、日本語においても、サザンが本書において取り扱っているのと重なるテーマを取り上げているいくつかの書物が存在するが、そのいずれもサザンの著作を踏まえながら書かれたものであり、また、グニルカやハーゲマンが神学的に分析している事柄を歴史の文脈の中に置き直して理解しようとするさいに大きな助けとなってくれるのがサザンの『ヨーロッパとイスラーム世界』なのである。

本書の邦訳が最初に岩波現代選書から刊行されたのは一九八〇年であり、「ヨーロッパ」と「イスラーム世界」との緊張関係がいまほど注目されてはいない時代であった。二十一世紀となり、「ヨーロッパ」と「イスラーム世界」との関係、あるいは「キリスト教」と「イスラム教」との必ずしも幸福とは言えない関係が様々な文脈において問題となることの多くなったいま、この書物が「文庫」という多くの人の手に届きやすい仕方で再刊され、両世界の関係性を、より正確な知識に基づいて考察していくための大きな手がかりが与えられたことはまことに時宜にかなった喜ばしいことである。

（やまもと・よしひさ　東京大学大学院総合文化研究科准教授　哲学・倫理学）

ワ　行

マ 行

ヤ 行

ラ 行

ナ　行

ハ　行

サ　行

タ　行

カ 行

索　引

ア　行

本書は、一九八〇年三月十九日、岩波書店より岩波現代選書として刊行された。文庫化にあたっては、著者名と邦題を改めた。

世界宗教史（全8巻）

ミルチア・エリアーデ

宗教現象の史的展開を膨大な資料を博捜し著された人類の壮大な精神史。エリアーデの遺志にそって共同執筆された諸地域の宗教の巻を含む。

世界宗教史1

ミルチア・エリアーデ　中村恭子訳

人類の原初の宗教的営みに始まり、メソポタミア、古代エジプト、インダス川流域、ヒッタイト、地中海地域、初期イスラエルの諸宗教を収める。

世界宗教史2

ミルチア・エリアーデ　松村一男訳

20世紀最大の宗教学者のライフワーク。本巻はヴェーダの宗教、ゼウスとオリュンポスの神々、ディオニュソス信仰等を収める。　（荒木美智雄）

世界宗教史3

ミルチア・エリアーデ　島田裕巳訳

仰韶、竜山文化から孔子、老子までの古代中国の宗教と、バラモン、ヒンドゥー、仏陀とその時代、オルフェウスの神話、ヘレニズム文化などを考察。

世界宗教史4

ミルチア・エリアーデ　柴田史子訳

ナーガールジュナまでの仏教の歴史とジャイナ教から、ヒンドゥー教の総合、ユダヤ教の試練、キリスト教の誕生などを収録。　（島田裕巳）

世界宗教史5

ミルチア・エリアーデ　鶴岡賀雄訳

古代ユーラシア大陸の宗教、八—九世紀までのキリスト教、ムハンマドとイスラーム、イスラームと神秘主義、ハシディズムまでのユダヤ教など。

世界宗教史6

ミルチア・エリアーデ　鶴岡賀雄訳

中世後期から宗教改革前夜までのヨーロッパの宗教運動、宗教改革前後における宗教、魔術、ヘルメス主義の伝統、チベットの諸宗教を収録。

世界宗教史7

ミルチア・エリアーデ　奥山倫明／木塚隆志／深澤英隆訳

エリアーデ没後、同僚や弟子たちによって完成された最終巻の前半部。メソアメリカ、インドネシア、オセアニア、オーストラリアなどの宗教。

世界宗教史8

ミルチア・エリアーデ　奥山倫明／木塚隆志／深澤英隆訳

西・中央アフリカ、南・北アメリカの宗教、日本の神道と民俗宗教。啓蒙期以降ヨーロッパの宗教的創造性と世俗化などを収録。全8巻完結。

回教概論　大川周明
最高水準の知性を持つと言われたアジア主義者の力作。イスラム教の成立経緯や、経典などの要旨が的確に記された第一級の概論。（中村廣治郎）

神社の古代史　岡田精司
古代日本ではどのような神々が祀られていたのか。《祭祀の原像》を求めて、伊勢、宗像、住吉、鹿島など主要な神社の成り立ちや特徴を解説する。

原典訳 チベットの死者の書　川崎信定訳
死の瞬間から次の生までの間に魂が辿る四十九日の旅――中有（バルドゥ）のありさまを克明に描き、死者に正しい解脱の方向を示す指南の書。

インドの思想　川崎信定
多民族、多言語、多文化。これらを併存させるインドという国を作ってきた考え方とは。ヒンドゥー教や仏教等、主要な思想を案内する恰好の入門書。

旧約聖書の誕生　加藤隆
旧約聖書は多様な見解を持つ文書を寄せ集めて作られた書物である。各文書が成立した歴史的事情から旧約を読み解く。現代日本人のための入門書。

神道　トーマス・カスーリス　衣笠正晃訳　守屋友江監訳
日本人の精神構造に大きな影響を与え、国の運命をも変えてしまった「カミ」の複雑な歴史を、米比較宗教学界の権威が鮮やかに描き出す。

ミトラの密儀　フランツ・キュモン　小川英雄訳
東方からローマ帝国に伝えられ、キリスト教と覇を競った謎の古代密儀宗教。その全貌を初めて明らかにした、第一人者による古典的名著。（前田耕作）

空海コレクション1　空海　宮坂宥勝監修
主著『十住心論』の精髄を略述した『秘蔵宝鑰』、及び顕密を比較対照して密教の特色を明らかにした『弁顕密二教論』の二篇を収録。（立川武蔵）

空海コレクション2　空海　宮坂宥勝監修
真言密教の根本思想『即身成仏義』『声字実相義』『吽字義』及び密教独自の解釈による『般若心経秘鍵』と『請来目録』を収録。（立川武蔵）

ヨーロッパとイスラーム世界《せかい》

二〇二〇年一月十日　第一刷発行

著　者　R・W・サザン
訳　者　鈴木利章（すずき・としあき）
発行者　喜入冬子
発行所　株式会社　筑摩書房
東京都台東区蔵前二―五―三　〒一一一―八七五五
電話番号　〇三―五六八七―二六〇一（代表）
装幀者　安野光雅
印刷所　星野精版印刷株式会社
製本所　株式会社積信堂

ISBN978-4-480-09956-3 C0122

ちくま学芸文庫